BIBLIOTHEKSAUSWEIS
Name: Leon
Hobbys: Fußball
Lieblingsfächer: Geschichte und Sport
Lieblingsfarbe: rot
LEON
Bibliotheksausweis
Name: Kija
Hobbys: Jagen
Lieblingsfächer: Mausologie und Mampfkunde
Lieblingsfarbe: goldbraun
MARKT
n. Chr.
2000 n. Chr.

Die Zeitdetektive

Die gefiederte Schlange

Erzählt von Fabian Lenk

Mit Illustrationen von Timo Grubing

KOSMOS

Umschlag- und Innenillustrationen von Timo Grubing
Umschlaggestaltung von Sabine Reddig – Grafik Design & Illustration

Unser gesamtes lieferbares Programm und viele weitere Informationen zu unseren Büchern, Spielen, Experimentierkästen, Aktivitäten, Autorinnen und Autoren findest du unter **kosmos.de**

MIX
Papier | Fördert gute Waldnutzung
FSC® C014138
FSC www.fsc.org

Gedruckt auf Cradle to Cradle Certified™ Munken Papier

ISBN: 978-3-440-17840-9
Redaktion und Lektorat: Ines Glindemann
Satz: PER MEDIEN & MARKETING GmbH, Braunschweig
Produktion: Verena Schmynec
Druck und Bindung: Finidr, s.r.o., Český Těšín
Printed in Czech Republic / Imprimé en République tchèque

INHALT

KIM, JULIAN, LEON UND KIJA – DIE ZEITDETEKTIVE

Die freche Kim, der schlaue Julian, der sportliche Leon und die rätselhafte Katze Kija haben ein streng gehütetes Geheimnis: Sie besitzen den Schlüssel zu einer alten Bibliothek, in der der unheimliche Zeit-Raum „Tempus“ verborgen ist.

Tempus pulsiert im Rhythmus der Zeit, er hat keinen Anfang und kein Ende, aber Tausende von Türen, hinter denen sich jeweils ein Jahr der Weltgeschichte verbirgt.

Durch diese Türen gelangen die Freunde zum Beispiel ins alte Rom oder nach Ägypten zur Zeit der Pharaonen, ins antike Griechenland oder ins Mittelalter.

Immer wenn die Freunde sich für eine spannende Epoche interessieren oder sogar einen mysteriösen Kriminalfall in der Vergangenheit wittern, reisen sie mit der Hilfe von Tempus dorthin.

Tempus bringt die Gefährten auch wieder in die Gegenwart zurück. Die Freunde müssen nur den Ort aufsuchen, an dem sie in der Vergangenheit gelandet sind. Von dort können sie dann in ihre Welt gelangen.

Auch wenn die Zeitreisen der Freunde mehrere Tage dauern, ist in der Gegenwart keine Sekunde vergangen – und niemand bemerkt die geheimnisvolle und oft überaus gefährliche Reise der Zeitdetektive ...

DIE HAUPTFIGUREN IN DIESEM BAND

AJAW – Herrscher von Chichén Itzá
MUYAL – Ajaws Frau
ANAYANSI – Tochter von Ajaw und Muyal
TECUN – Sohn von Ajaw und Muyal
KINICH – Ajaws Bruder
AKBAL – Hohepriester
WAYAK – Herrscher des Königreichs Dzibilchaltún
NAHIL – Sohn von Wayak

... UND NATÜRLICH KIM, LEON, JULIAN UND KIJA!

BOHNEN, BÄLLE UND EIN BRETT VORM KOPF

Knapp 30 Grad zeigte das Thermometer an diesem drückend heißen Freitagnachmittag in Siebenthann und es gab definitiv nur einen einzigen Ort, an dem man es bei dieser brütenden Hitze aushalten konnte: das Freibad.

„Ist das heiß", ächzte Julian. Er hockte zusammen mit Kim und Kija im Schatten einer riesigen Ulme. Die Katze war von Kim mit ins Freibad geschmuggelt worden und ruhte nun mit halb geschlossenen Augen auf der Decke hinter Kims Fahrradkorb. Auf Menschen, die sie nicht kannten, mochte Kija vielleicht schläfrig wirken. Aber das täuschte. Der klugen Katze entging nichts.

„Ich find's herrlich", meinte Leon, der in der Sonne lag. „Ich bin da so ein wenig eidechsenmäßig, brauche die Wärme und das Licht. Ich liebe den Sommer!"

„Klar, das tun wir doch alle. Aber das ist einfach zu viel. Zumal wir dieses heiße Wetter schon seit über zwei Wochen haben. Also, mir macht die globale Erderwärmung immer mehr Angst", erwiderte Kim. Gedankenverloren kraulte sie Kija unterm Kinn. Dort hatte es die Katze am liebsten.

Julian nickte. Vor einer Woche hatten die Freunde mit vielen Mitschülern und auch Erwachsenen an einer Fridays for Future-Demo teilgenommen. Naturkatastrophen, Wetterextreme und die damit verbundenen Ernteausfälle beunruhigten sie alle sehr. Sie hatten keine Lust, einfach nur zuzusehen, wie ihre wunderbare Welt – und damit auch ihre Zukunft – durch Profitgier und unverantwortliches Handeln kaputt gemacht wurde.

Nach einem Blick auf die Wetter-App auf ihrem Handy meinte Kim: „Hm, in den nächsten zehn Tagen ist auch keine Änderung in Sicht. Es bleibt wohl heiß und trocken. Dann werden wir jede freie Minute hier verbringen."

Leon rückte seine Sonnenbrille zurecht. „Ist schon irre, wie genau das Wetter dank Satelliten vorhergesagt werden kann."

„Stimmt", bestätigte Julian. „Das ist echt megapraktisch. Früher waren die Menschen allein auf ihre Erfahrung angewiesen. Die **MAYA** zum Beispiel. Die haben die Sterne genau beobachtet und hatten zudem sehr exakte Kalender, mit deren Hilfe sie den besten Zeitpunkt für die

Aussaat und ihre Rituale bestimmen konnten – und das vor über 1000 Jahren und ohne technische Hilfsmittel!"

„Wow, das ist wirklich beeindruckend", kam es von Leon.

Julian, einmal in Fahrt, ergänzte: „Auf der mexikanischen Halbinsel **YUCATÁN** gibt es in der Maya-Stadt **CHICHÉN ITZÁ**, die zu den neuen sieben Weltwundern gehört, sogar ein **OBSERVATORIUM**."

Kim pfiff anerkennend. „Was du wieder alles weißt ..."

„Meine Eltern haben eine coole Fachzeitschrift im Abo. Die aktuelle Ausgabe widmet sich den Maya", berichtete Julian. „Und da steht auch drin, dass die Maya noch ganz andere sensationelle Dinge erbaut haben: gewaltige Pyramiden, reich verzierte Paläste, intelligente Bewässerungssysteme und geheimnisumwobene Ballspielplätze. Die Pyramiden konnten es von der Größe her mit denen in Ägypten aufnehmen. Die Maya waren die besten Baumeister ihrer Zeit und das, obwohl sie keine Zugtiere wie Pferde oder Ochsen hatten, keinen Flaschenzug, keine Metallwerkzeuge und noch nicht einmal das Rad kannten."

Kim zog die Stirn kraus. „Das heißt, dass sie diese riesigen Bauwerke nur mit eigener Muskelkraft errichteten?"

„Genau das", bestätigte Julian.

„Und was war das für ein Ballspiel?", wollte Leon wissen. Er liebte so gut wie jede Sportart. „Wie hieß das?"

Julian kramte in seinem Gedächtnis. „Sorry, ich komme gerade nicht auf den Namen. Es war aber total kompliziert. Niemand kennt die Regeln genau – die sind nicht überliefert. Sicher ist nur, dass man den Ball wohl nicht mit den Händen oder Füßen berühren durfte."

„Wie bitte?" Leon kam zu ihnen in den Schatten. „Das klingt wirklich extrem kompliziert, aber auch superspannend."

Julian wedelte mit den Händen, als hätte er sich verbrannt. „Spannend? Bestimmt – aber vor allem auch gefährlich. Es ging sehr hart zur Sache."

Leon ließ sich davon nicht abschrecken. „Auf jeden Fall würde ich so ein Spiel mal gerne live erleben."

„Ich auch! Und ich möchte die Pyramiden und das Observatorium zu der damaligen Zeit sehen", rief Kim. Dann senkte sie die Stimme: „Wie wär's mit einer kleinen Reise in die Vergangenheit, Jungs?"

Julians Augen begannen zu leuchten. „Bin dabei! Aber vorher sollten wir ein wenig recherchieren. Zum Beispiel brauchen wir ja auch einen bestimmten Zeitpunkt, zu dem es sich besonders lohnt, ins Reich der Maya einzutauchen."

Kurz nach 18 Uhr schlüpften die Freunde in die altehrwürdige Bibliothek von Siebenthann, die gerade ihre Pforten für den Publikumsverkehr geschlossen hatte – nicht aber für die Gefährten, denn Julian besaß einen Schlüssel zum Reich der Bücher. Diesen hatte er von seinem geliebten und leider verstorbenen Großvater geerbt, der einst die Bibliothek geleitet hatte. Opa Reginald hatte ihm außerdem verraten, dass es dort den ebenso magischen wie unheimlichen Zeit-Raum Tempus gab – und vor allem auch, wo dieser versteckt war ...

Die Freunde begaben sich in die Abteilung zum Thema Geschichte. Kim begann, Bücher über die

Maya zu wälzen, Leon und Julian fuhren Rechner hoch und stöberten im Internet.

Kija gesellte sich zu Julian und als dieser einen interessant wirkenden Beitrag anklicken wollte, verpasste sie der PC-Maus einen kleinen Hieb, sodass das Ding sehr hübsch über den Schreibtisch sauste. Kija hob ab und erwischte ihr Spielzeug, bevor es über die Tischkante auf den Boden flog.

„Kija, gib das her, das brauche ich", murrte Julian.

Ich auch, schien die Katze zu denken und setzte ihr Spiel unbeirrt fort. Sie schubste die Maus zwischen ihren Pfoten ein paar Mal hin und her. Doch dann hatte Kija ein Einsehen und schickte die Maus in Julians Richtung: Sie schlidderte in seinen Schoß und er nahm sie erleichtert auf.

Kija folgte dem Weg des Spielzeugs und schaute Julian mit ihren rätselhaften, smaragdgrünen Augen an, das Köpfchen leicht schief gelegt.

Lächelt sie mich gerade an?, fragte sich Julian, der dem einzigartigen Charme der Katze sofort erlag und ihr nicht böse sein konnte, weil sie seine Recherchen ein wenig erschwert hatte.

Kija maunzte und rollte sich auf Julians Schoß zusammen. Nun endlich konnte er seine Arbeit fortsetzen und gab Chichén Itzá als Suchbegriff ein.

„Das Ballspiel hieß übrigens **ULAMA**“, kam es da von Leon am Nachbartisch. „Man nannte es auch Pok-ta-Pok, weil es so klang, wenn der Ball auf dem Boden aufsprang. Die Spieler mussten lange trainieren, wenn sie wirklich gut sein wollten, und waren dann regelrechte Stars. Oje, der Ball wog so viel wie ein Medizinball und ... puuh ... Das war wohl wirklich gefährlich, wie du schon sagtest, Julian. Es gab mitunter schwere Verletzungen und manche Historiker vermuten sogar, dass nach dem Spiel mindestens ein Spieler aus der Verlierermannschaft oder vielleicht auch aus der Siegermannschaft geopfert wurde. Aber beides ist nicht sicher."

„Aus der Siegermannschaft?", fragte Julian überrascht.

„Ja, denn es galt wohl als Ehre, für die Götter zu sterben."

Julian machte ein verblüfftes Gesicht. „Schwer vorstellbar", murmelte er. „Aber das sind ja wohl auch nur Vermutungen."

„Vielleicht sind die auch irgendwann darauf gekommen, dass ein toter Spieler ein wertloser Spieler ist", meinte Kim. „Womöglich hat man daher das Opfern der Spieler abgeschafft."

„Kluge Entscheidung", fand Julian. Er stieß auf eine Karte, die die Lage der heiligen Stätten von Chichén Itzá zeigte. „Oh, hier ist die große Pyramide des **KUKULCÁN**, der gefiederten Schlange! Kukulcán war der Gott der Auferstehung und der vier Elemente Wasser, Erde, Feuer und Luft. So wird er auch oft dargestellt, als Mischwesen aus Geier, Eidechse, Mais und Fisch. Der Geier steht für Luft, die Eidechse für Feuer, der Mais für Erde und der Fisch für Wasser. Und hier ist auch das Observatorium. Schaut mal, ist das nicht großartig?“

Kim, mit einem Buch unter dem Arm, und Leon kamen zu ihm und blickten ihm über die Schulter.

„Wirklich beeindruckend“, murmelte Kim. Dann klappte sie das Buch auf und legte es auf den Tisch. „Hier habe ich übrigens etwas Interessantes über das Alltagsleben der Maya entdeckt. Die Maya fanden Schielen total attraktiv.“

Leon lachte. „Im Ernst?“

„Ja“, erwiderte Kim. „Damit sie auch schön schielten, hing man einigen Kleinkindern Harzbällchen zwischen die Augen.“

„Waaas?“, kam es von Julian.

„Nicht nur das“, fuhr Kim fort und deutete auf eine Stelle in dem Buch. „Schick war außerdem ein nach hinten abgeschrägter Schädelwuchs. Deshalb banden manche Eltern ihren Babys ein Brett vor die noch formbare Stirn.“

„Das ist aber grausam!“, empörte sich Leon. „Aber kommt daher vielleicht der Spruch *Ein Brett vor dem Kopf haben*?“

„Das habe ich auch zuerst gedacht“, sagte Kim. „Aber hier steht, dass es da keinen Zusammenhang gibt. Der Spruch kommt nämlich aus der Landwirtschaft. Früher band man den Ochsen ein Brett vor den Kopf, damit sie nicht so schnell erschraken, wenn man ihnen zum Beispiel ein Geschirr umhängte." Ihr Finger fuhr noch ein paar Zeilen tiefer. „Habt ihr übrigens gewusst, dass die Maya Kakao über alles liebten?"

„Nein, aber das kann ich gut nachvollziehen", meinte Julian. „Ich liebe Kakao ebenfalls."

„Kakao war bei den Maya sehr wertvoll", fuhr Kim fort. „Die Kakaobohnen waren sogar ihre Währung. Man bezahlte damit auf den Märkten. Da muss es interessante Dinge gegeben haben, nach allem, was hier steht. Wunderschöne Keramiken und feinen Schmuck zum Beispiel. Wir sollten los, Jungs! Ich kann es kaum erwarten."

„Halt", bremste Leon sie. „Welches Jahr sollen wir denn wählen?"

„Hm", kam es von Julian. Plötzlich hellte sich seine Miene auf. „Ich bin für das Jahr 906 nach Christus." Er tippte auf den Bildschirm und zitierte den Eintrag einer Suchmaschine: „‚Damals wurde das geheimnisumwobene Observatorium von Chichén Itzá fertiggestellt.' Was meint ihr?"

Kim und Leon waren einverstanden und so liefen die Gefährten zusammen mit der Katze zu einem ganz bestimmten Bücherregal. Das schwere Ding konnte man auf einer Schiene zur Seite schieben, was aber nur die Freunde wussten. Dahinter kam ein schwarzes Tor zum Vorschein, das mit mysteriösen Symbolen verziert war.

Gemeinsam schlüpften sie durch das Portal und fanden sich in der Welt von Tempus wieder. Bläulicher Nebel, düsteres Zwielicht und unheimliche Geräusche erwarteten sie. Unsicher wagten sie sich immer tiefer in die verwirrende Welt hinein, in der eine Orientierung unmöglich war – jedenfalls für Julian, Kim und Leon. Die drei wussten aber, dass dies nicht für Kija galt, und auch diesmal konnten sie sich auf die kluge Katze verlassen.

Kija führte sie zielstrebig zu der richtigen Tür, über der die Jahreszahl 906 nach Christus stand. Als sich die Pforte aus dem Nebel schälte, leuchtete ein Symbol auf deren Holz auf. Es zeigte eine riesige Schlange, die ihre beeindruckenden Giftzähne entblößte und deren Körper blutrot leuchtete. Außerdem war ein Geräusch, das wie Pok-ta-Pok klang, zu vernehmen.

„Hier sind wir definitiv richtig“, sagte Julian, dem ein Schauder über den Rücken lief.

Nun schwang die Schlangentür quietschend auf. Dahinter war ... nur Schwärze.

Die Freunde fassten sich an den Händen und fokussierten sich auf ihr Ziel Chichén Itzá. Denn nur so konnte Tempus sie an den gewünschten Ort bringen.

Dann machten sie den einen entscheidenden Schritt durch das Tor und fielen in ein Nichts aus Zeit und Raum.

IM DSCHUNGEL

Schwülwarme Luft schlug den Gefährten entgegen. Um sie herum war nichts als undurchdringlicher Dschungel. Er dampfte regelrecht, an den Blättern hingen Wassertropfen. Offenbar hatte es gerade einen Regenguss gegeben. Doch jetzt schien die Sonne. Sie schickte Lanzen aus Licht durchs Blätterdach, die auch auf den kräftigen Stamm eines **PALO TINTO**-Baumes fielen, vor dem die Freunde gerade standen. Affen brüllten, Insekten summten, Vögel zwitscherten.

Kim, benommen von der Zeitreise und dem Klima, das sie wie in feuchte Watte packte, strich über die faltige Rinde des kräftigen und gut acht Meter hohen Baumes mit seinen kleinen, ovalen Blättern und gelben Blüten. „Durch diesen Baum hat uns Tempus

hergeschickt … Also müssen wir uns den gut merken für die Heimkehr nach Siebenthann."

Sie prägte sich die Umgebung ein. Der Baum überragte deutlich die anderen Gewächse um ihn herum – darunter kugelförmige FIERRILLO-Bäume mit ihren weinroten Schoten und kleine, stachelige CHUKUM-Bäume. Außerdem befand sich ihr Palo Tinto-Baum am Rand eines … was war das da vorn? Es sah aus wie ein kreisrunder Krater.

„Aber warum hierher?", wunderte sich Leon, der sich die Augen rieb, als sei er gerade aus einem tiefen Schlaf erwacht. „Wo sind die Tempel, Paläste und das Observatorium – wo ist Chichén Itzá?"

Wie Julian trug er nur einen braunen Lendenschurz und einfache Ledersandalen.

„Du weiß doch, Tempus hält immer Überraschungen für uns bereit“, antwortete Kim und seufzte. Sie hatte außer den Sandalen einen **HUIPIL** an, ein weißes, ärmelloses Kleid aus handgewebter Baumwolle, das ihr bis zu den Knien reichte und ein paar hübsche Stickereien an Saum und Rundhalskragen aufwies.

Vielleicht weiß ja Kija mal wieder Rat, dachte Kim und schaute nach dem klugen Tier zu ihren Füßen. Die Katze wirkte nervös und unsicher, was für sie untypisch war. Ihr Schwanz peitschte von einer Seite zur anderen, die Augen waren weit aufgerissen – so als spürte Kija eine Gefahr, von der sie nicht wusste, wo diese lauerte.

Die Katze sprang mal hierhin, mal dorthin.

Okay, du bist gerade auch keine Hilfe, stellte Kim im Stillen fest und stapfte über den teils steinigen, teils von Farnen bewachsenen Boden zu dem Krater, oder was immer das sein mochte. Die anderen folgten ihr.

Urplötzlich tat Kim einen Schritt ins Leere. Sie stoppte abrupt, schwankte, fand gerade noch rechtzeitig das Gleichgewicht wieder und breitete instinktiv die Arme aus, um Leon, Julian und Kija aufzuhalten. Sie standen vor einem fast kreisrunden Wasserloch mit einem Durchmesser von etwa 60 Metern. Fast 20 Meter fielen die Wände senkrecht in die Tiefe. Lianen hingen wie die Haare eines Riesen bis hinunter in das türkisfarbene Wasser, in dem sich die Sonne spiegelte. Auf den bemoosten Steinen am Ufer wuchsen weitere üppige Farne. Insekten surrten. Zwei wunderschöne, farbenfrohe Kolibris führten einen schwerelosen Tanz auf.

„Das ist eine **CENOTE**“, hauchte Julian atemlos. Das wusste er aus dem Heft, das er zu Hause gelesen hatte. „Ein Loch im Kalksteinboden, das entstanden ist, als

eine Höhle einstürzte. In dieser Region gibt es weder Flüsse noch Bäche – deshalb sind die Cenotes für die Maya enorm wichtig als Trinkwasserquelle und für die Bewässerung ihrer Felder und Äcker. Sie sind ihnen heilig und ...“ Er schluckte. „Und dienen ihnen auch als Gräber und menschliche Opferstätte für ihren Regengott **CHAAC**.“

Kim lief ein Schauder über den Rücken. Diese Cenote spendete Leben und war zugleich das Tor zum Reich eines mächtigen Gottes und der Toten ...

Sie drehte sich um und blickte zurück zu dem markanten Palo Tinto-Baum. Ja, den würden sie wiederfinden, war Kim überzeugt. Der war wirklich schwer zu übersehen.

Doch jetzt galt es erst einmal, den Weg nach Chichén Itzá zu finden. Wenn die Maya die Cenotes als Brunnen nutzten, dann konnte es doch möglich sein, dass sie hierherkamen, um das Wasser hochzuschöpfen. Also könnte es einen Pfad geben, der von der Cenote zur Stadt führte.

Kim und ihre Freunde begannen, die Cenote zu umrunden. Aus einem Baum äugte eine Gruppe **KLAMMERAFFEN** neugierig herab. Ein Ästchen fiel neben Kim in einen Busch und eine Art hysterisches Gelächter erhob sich – und Kim fragte sich, ob einer der Affen sie gerade beworfen hatte, um sie zu vertreiben, und sie dann auch noch auslachte.

Unbeirrt lief sie weiter.

„Da", rief sie unvermittelt. „Das sieht mir nach einem Weg aus. Jedenfalls ein bisschen."

Kim deutete auf eine Stelle, an der der Farn niedergetrampelt worden war. Dort, wo der Boden schlammig war, konnte man zudem einen Fußabdruck erkennen. „Da lang, Jungs."

Leon wischte sich über die schweißnasse Stirn. „Klingt nach einem Plan. Auf geht's."

Er übernahm nun die Führung. Julian folgte und den Schluss bildete Kim mit der Katze.

Das Mädchen hatte das Gefühl, dass der Dschungel sie regelrecht verschluckte. Immer wieder mussten sie Äste und Blätter zur Seite schieben, um sich einen Weg zu bahnen. Auf dem Boden krabbelten unzählige Käfer und ziemlich große Spinnen. Über ihnen flogen

TUKANE mit ihren mächtigen, bunten Schnäbeln und nicht minder farbenprächtige Papageien, die ein ohrenbetäubendes Geschrei anstimmten.

Kija glitt auf samtenen Pfoten über den teils matschigen Untergrund und vermied es, in Pfützen zu treten. Plötzlich machte die Katze einen Satz zur Seite und fauchte – und Kim sah gerade noch, wie eine über einen Meter lange, hochgiftige **MOKASSINOTTER** raschelnd im Unterholz verschwand.

Kim blieb einen Moment stehen. Ihr Herz hämmerte. Kija schnürte um ihre Beine, was ihr ein wenig Sicherheit gab. Ihre Blicke schossen in alle Richtungen. Die Schlange war definitiv weg. Aber da war etwas anderes, gut verborgen von den Blättern eines Buschs.

Kims Blut gefror.

Kalte, gelbe Augen fixierten sie. Oder? Kim war sich nicht sicher. Aber die Panik wuchs.

Handelte es sich etwa um ein Raubtier, das sie belauerte, bereit zum Sprung und ebenso bereit, seine Zähne in sie zu schlagen?

Es könnte ein Jaguar sein, durchfuhr es Kim. In der Bibliothek hatte sie gelesen, dass

es diese eleganten, gnadenlosen Jäger auf der Halbinsel Yucatán gab.

Kim öffnete schon den Mund, um zu schreien und die anderen zu warnen, als die gelben Augen plötzlich verschwunden waren.

Hatte sie sich etwa getäuscht? Oder hatte sich das Tier zurückgezogen?

Gleich wie, die Gefahr schien gebannt und Kim wollte nicht hysterisch wirken und die anderen unnötig ängstigen.

Ein Blick zu Kija. Die Katze war nun auch wieder ruhiger.

Gut, sagte sich Kim. Das war gerade wohl doch kein Raubtier gewesen. Die Fantasie war mit ihr durchgegangen.

Kim atmete ein paar Mal tief ein und aus. Dann setzte sie sich zügig in Bewegung, weil Leon und Julian bereits einen Vorsprung hatten. Wie gern hätte Kim jetzt hohe Wanderstiefel statt Sandalen angehabt. Denn garantiert gab es hier noch weitere Schlangen.

Sie beschloss, den Boden genau im Auge zu behalten. Prompt lief sie gegen einen tief hängenden Ast und fluchte leise. Dann schlug sie nach einer der vielen Mücken, die sie erwartungsvoll und gierig umschwirrten.

Kim und Kija holten die Jungs ein. Nach wie vor ging Leon voran. Er hatte inzwischen einen stabilen Ast in der Hand, mit dem er sich und den anderen mitunter den Weg bahnte. Der Pfad war an manchen Stellen kaum noch als solcher zu erkennen.

Kim hoffte, dass sie hier wirklich richtig waren, die Wildnis bald verlassen und die geheimnisvolle Stadt Chichén Itzá erreichen würden.

Wieder schlug sie nach einer Mücke. Aber sie wusste, dass es sinnlos war. Selbst wenn sie eines der Biester erwischte, würden hundert andere über sie herfallen, um den Tod ihres Kollegen zu rächen.

Kim blickte nach vorn. Der Pfad wurde etwas breiter, was sie als gutes Omen wertete.

Doch der Anflug von Erleichterung wandelte sich schlagartig in Erschrecken, als sie etwas auf Julians Schulter bemerkte: eine **TARANTEL**, die mitsamt der Beine fast handtellergroß war!

Kim wusste, dass der sowieso schon etwas ängstliche Julian halb durchdrehen würde, wenn er mitbekam, wer ihn da gerade besuchte.

„Du, Julian“, hob Kim daher vorsichtig an.

„Was denn?“

„Du hast da was an der Schulter“, sagte Kim und versuchte, betont gelassen zu klingen.

Julian ächzte. „Ja, ich weiß, diese verdammten Mücken. Aber es bringt nichts, um sich zu schlagen. Das kostet nur Kraft.“

Kim nahm all ihren Mut zusammen, machte zwei schnelle Schritte nach vorn und wischte die Spinne von Julians Schulter. Das giftige Tier sauste auf seinen acht Beinen ins Unterholz.

„Was ... was war das?", fragte Julian verdattert.

„Ach, nur ein Blatt", sagte Kim beiläufig.

„Dann ist es ja gut", meinte der Junge erleichtert.

Sie liefen weiter und gelangten zu einer Stelle, an der sich der Weg gabelte.

„Und jetzt?", überlegte Leon laut. „Rechts oder links?"

„Ich bin für ...", hob Kim an, stoppte dann aber mitten im Satz, weil Kija maunzte. Es war einer dieser warnenden Maunzer und die Freunde wussten, dass Gefahr drohte.

Ein Rascheln, dann Stimmen und ein knappes Kommando wie beim Militär. Das war von rechts gekommen.

„Lasst uns mal lieber die Lage peilen", zischte Kim und sprang vom Pfad ins Immergrün des Dschungels. Leon, Julian und Kija folgten ihr. Sie verbargen sich hinter Bäumen.

Kim spähte an einem Stamm vorbei und konnte auf den Trampelpfad schauen, der nach rechts abknickte.

Ihre Nackenhaare stellten sich auf. Mehrere Krieger, die mit langen Speeren und furchteinflößenden

Äxten sowie Schilden bewaffnet waren, näherten sich den Gefährten. Die meisten trugen einfache weiße Lendenschurze und Sandalen, ihre Gesichter waren mit Schlangensymbolen bemalt.

Der Mann, der voranging, hob sich von den anderen jedoch ab. Sein Lendenschurz war nicht weiß, sondern leuchtend grün. Außerdem trug er einen weiten Umhang in einem kräftigen Goldgelb. Das pechschwarze Haar hing ihm bis auf die kräftigen Schultern herab und bildete über den Augen eine akkurate waagerechte Linie wie mit dem Lineal gezogen. Die Haare oben am Kopf wurden mit einem Band zusammengehalten und formten ein aufrecht stehendes Büschel.

Kim vermutete, dass dieser Mann der Anführer war, obwohl er kaum älter als zwanzig Jahre sein mochte.

Was sollten sie, Leon und Julian tun? Sich ganz klein machen und beten, dass die Männer sie nicht entdeckten? Oder sollten sie den Kriegern entgegentreten und sie bitten, ihnen den Weg nach Chichén Itzá zu zeigen?

Da nahm Kim eine Bewegung links von ihr wahr. Sie linste in diese Richtung – und was sie jetzt sah, ließ ihr erneut das Blut in den Adern gefrieren.

AUS DEM HINTERHALT

Auch Leon hatte die anderen Krieger gesehen, die sich gerade am linken Abzweig zusammengerottet hatten. Die Männer duckten sich in die Schatten großer Farnbüschel und verschmolzen nahezu mit ihrer Umgebung. In ihren Händen lagen Keulen, Messer und Dolche mit höllisch scharfen Spitzen und Klingen aus **OBSIDIAN.** Einige hatten auch Blasrohre sowie Pfeil und Bogen dabei.

Offenbar hatten die Krieger die Gefährten hinter den Bäumen nicht bemerkt. Ihr Fokus lag auf dem Trupp, der sich arglos von der anderen Seite der Gabelung näherte.

Ein Hinterhalt!, durchfuhr es Leon. Das war ein Hinterhalt!

Ohne groß nachzudenken, rief er eine Warnung.

Ein Fluch in Leons Richtung ertönte, dann brachen die Angreifer aus ihrer Deckung hervor und stürmten auf ihre Feinde zu, die dank Leon gerade noch ihre Waffen ziehen konnten.

Mit erbarmungsloser Härte krachten die Reihen der Kämpfer aufeinander. Keulen wurden geschwungen und die darin eingearbeiteten Obsidianscherben funkelten bedrohlich im Sonnenlicht. Schilfrohrpfeile mit Spitzen aus scharfen Fischzähnen und Geschosse aus Blasrohren surrten. Eine Axt wirbelte durch die Luft und verfehlte ihr Ziel nur knapp. Ein Speer blieb in einem Schild stecken. Schreie erklangen, Kommandos wurden gebrüllt. Zwei Männer umkreisten einander, schlugen immer wieder zu, doch ihre Äxte prallten an den Schilden ab. Das Holz ächzte unter den Hieben, hielt aber stand.

Mit offenem Mund beobachtete Leon, wie es den Männern mit den Schlangensymbolen gelang, die Angreifer langsam zurückzudrängen. Schließlich ergriff der erste die Flucht –

und es dauerte keine Minute, bis ihm die nächsten folgten. Wie geisterhafte Schatten verschwanden sie im Dschungel und die Angegriffenen jubelten – vor allem als es ihnen gelang, zwei der Feinde festzuhalten. Leon registrierte, dass einer der beiden Gefangenen besonders groß und kräftig war.

Da fiel der Blick des Kriegers mit dem goldfarbenen Umhang zufällig in die Richtung der Freunde, und bevor diese hinter den Bäumen weiter in Deckung gehen konnten, hatte er sie erspäht.

„Habt ihr uns gerade gewarnt?“, fragte der Krieger mit dem Umhang. Seine Stirn wich nach hinten zurück und er schielte leicht. Seine Gesichtszüge verrieten Stolz und Edelmut, die dunklen Augen Wachsamkeit und Ungeduld. Wie der eine Gefangene war auch er auffallend groß und muskulös, während seine Krieger zwar ebenfalls ausgesprochen kräftig wirkten, aber eher stämmig waren.

„Ja“, antwortete Leon, „denn wir haben gesehen, dass man euch aufgelauert hat und ...“ Der junge Anführer hob die Hand und gebot Leon zu schweigen.

„Was haben wir denn da?“ Er deutete verwundert auf Kija, ging in die Knie und breitete die Arme aus.

Kija reckte und streckte sich und stolzierte dann an den Kriegern vorbei wie ein General, der eine Parade abnimmt.

„Ein kleiner Jaguar, bei allen Göttern, ein kleiner Jaguar!“, wisperte der Anführer.

Kija maunzte nur, machte kehrt und marschierte wieder an den Männern vorbei. Sie erreichte den Anführer und strich ihm um die Beine, was ein Lächeln in sein Gesicht zauberte. Vorsichtig streckte er die Hände nach Kija aus.

„Ich ... ich kann es nicht fassen“, freute er sich, als sich Kija an ihn schmiegte. Der große Krieger blickte zum Himmel. „Das ist ein göttliches Zeichen!“

Dann erhob er sich und wandte sich an Leon: „Wir danken euch dafür, dass ihr uns vor unseren Feinden gewarnt habt. Aber nun sagt uns, wer ihr seid und woher ihr kommt.“

Leon lächelte. Wenn das mal keine Steilvorlage

war … Zum einen hatten sie die Krieger vor Schlimmerem bewahrt, zum anderen schienen diese Kija für ein schon fast göttliches Wesen zu halten.

„Unser Dorf wurde überfallen", flunkerte Leon. „Unsere Familien mussten Hals über Kopf in den Dschungel fliehen. Dabei wurden wir von unseren Eltern getrennt. Wir haben uns verlaufen und den Weg nach Hause nicht mehr gefunden."

Leon schaute zu Boden und schniefte theatralisch. „Nun ja, vielleicht war das auch besser. Denn wer weiß, was uns dort erwartet hätte. So haben wir uns auf den Weg nach Chichén Itzá gemacht, weil wir hoffen, dort ein Dach über dem Kopf zu finden – und Arbeit. Wir sind sehr fleißig und zuverlässig."

„Oh ja, das stimmt! Und auf dem Weg haben wir Kija getroffen – so haben wir diesen kleinen Jaguar genannt", ergänzte Kim rasch. „Er ist uns sozusagen zugelaufen und nicht mehr von der Seite gewichen."

Der große Krieger nickte nachdenklich. „Eine traurige Geschichte. Aber auch eine schöne, denn wer trifft schon auf einen kleinen Jaguar?"

Nach einer kurzen Pause und einem versonnenen Blick auf die Katze zu seinen Füßen meinte der Mann:

„Ich bin Tecun, Sohn von Ajaw, dem Herrscher von Chichén Itzá."

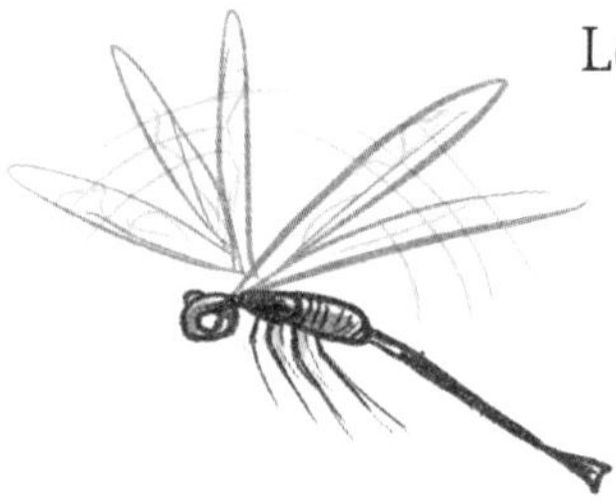

Leon erschrak. Der junge Krieger war ein Königssohn! Hätten Leon und seine Freunde sich verneigen müssen? Hatten sie dem womöglich künftigen Herrscher von Chichén Itzá überhaupt den nötigen Respekt gezollt? Er schaute zu Julian und Kim, die ähnlich überrascht und unsicher wirkten.

„Schon gut", sagte Tecun beruhigend, als könnte er Gedanken lesen. „Ihr habt nichts falsch gemacht. Sagt einfach Tecun zu mir." Er lachte.

Puh!, dachte Leon und verneigte sich dennoch.

„Tecun ist auch unser stärkster Krieger und Ulama-Spieler!", rief da einer seiner Männer.

„Es gibt andere Dinge, die mindestens ebenso wichtig sind wie Mut, Kraft und Geschick", wehrte Tecun bescheiden ab. „Meine Schwester Anayansi zum Beispiel kennt sich wie keine Zweite mit magischen Kräutermixturen aus, die sie unter anderem auch mir verabreicht und die mich so stark machen. Sie hat das alles in ihrem Zauberbuch aufgeschrieben, das sie gerade fertig bekommen hat. Außerdem ist Anayansi besonders klug und hat überdies eine besondere Verbindung zu den Göttern."

Der andere Krieger nickte bekräftigend. „Wohl wahr. Und das, obwohl sie noch so jung ist." Er deutete auf Kim, Leon und Julian. „Sie ist kaum älter als ihr. Bestimmt wird sie mal ein **SAJAL** oder sogar eine Hohepriesterin."

„Das glaube ich auch", sagte Tecun. Er wandte sich wieder an die Gefährten. „Wir werden euch gern mit in unsere Stadt nehmen. Ich werde dafür sorgen, dass man euch im Palast Arbeit zuweist. Das ist das Mindeste, was wir für euch und den kleinen Jaguar tun können."

„Wunderbar, vielen Dank", riefen die Freunde im Chor.

Tecun nickte. Dann fiel sein Blick auf die zwei Gefangenen, die inzwischen an den Händen gefesselt worden waren und das Gespräch mit finsteren Mienen verfolgt hatten. „Und diese beiden feigen Kerle werden uns begleiten. Unser Herrscher wird begeistert von unserem Fang sein."

Die Kolonne setzte sich in Bewegung.

Leon, Kim und Julian liefen neben Tecun her und erfuhren, dass es sich bei dem hünenhaften Gefangenen um Nahil handelte, Sohn von Wayak, dem Herrscher des benachbarten Reiches von **DZIBILCHALTÚN**. Die Hauptstadt lag zwar drei Tagesmärsche entfernt im Nordwesten, aber der Einflussbereich erstreckte sich bis an den von Chichén Itzá. Der andere feindliche Krieger hieß Xaman und sei, so Tecun, der Handlanger von Nahil.

Mit dem Nachbarreich von Dzibilchaltún habe es immer wieder Kämpfe gegeben, fuhr Tecun fort. „Die Menschen dort sind gierig auf unsere Schätze. Außerdem sind sie neidisch auf uns, denn ihre Bauwerke sind nicht annähernd so schön wie unsere. Ihr Wissen ist ebenfalls begrenzt", sagte er. „Aber militärisch sind sie uns ziemlich ebenbürtig,

das muss man ihnen lassen. Deshalb bin ich auch heute mit meinen Männern zu einer Spähpatrouille aufgebrochen. Wir müssen unser Reich immer gut bewachen. Hm, so nah haben sich die Kerle noch nie an unsere Stadt herangewagt."

Einer seiner Männer rief: „Ja, und fast wären wir in den Hinterhalt geraten. Vermutlich wollten die Feinde dich, Tecun, entführen, um dich den Göttern zu opfern."

Tecun winkte ab. „Nun, dank der mutigen Kinder sind wir siegreich aus diesem Kampf hervorgegangen. Ich freue mich schon auf das Gesicht meines Vaters, wenn wir ihm Nahil und Xaman vorführen."

Und ich, dachte Leon, freue mich auf die sagenumwobene Stadt sowie die geheimnisvolle Anayansi. Er hoffte, dass sie die Königstochter mit den ungewöhnlichen Fähigkeiten schon sehr bald kennenlernen würden.

RUF NACH RACHE

Der Weg zur Stadt verlief schnurgerade durch den Dschungel und Julian war optimistisch, dass sie ihn gut würden zurückverfolgen können, sobald die Heimreise anstand und sie die Cenote erreichen mussten.

Während Kija um Tecuns Beine herumsprang und Leon sowie Kim den Königssohn mit allen möglichen Fragen löcherten, genoss Julian die fremdartige Umgebung: die zahllosen Tierstimmen, die farbenfrohen Vögel, die üppige Vegetation.

Sie gelangten zu einer Lichtung, auf der Holzfäller bei der Arbeit waren. Mit Steinäxten und großen Messern rückten einige Männer den Stämmen zu Leibe. Andere kletterten in die Wipfel, banden Seile um die

Baumspitzen, stiegen behände wieder hinab und brachten die Bäume mit vereinten Kräften zu Fall.

Am Rand der Lichtung standen einfache fensterlose Hütten aus Holz und Flechtwerk, das mit einer Art Lehm bestrichen war. Maisstroh oder Schilf dienten als Dach. Davor verstreuten Bauern Saatgut in die mit massiven Stöcken gezogenen Furchen im Boden. Kürbisse, Bohnen und vor allem Mais wurden angebaut, dazu vereinzelt Avocados, Süßkartoffeln und Tomaten. Frauen kochten an offenen Feuerstellen oder hockten an Webstühlen und spannen Baumwolle. Kinder spielten, Hunde tollten herum, Truthähne gackerten.

Die Bauern verneigten sich ehrfürchtig, als der Sohn des Königs mit seinen Kriegern, drei fremden Kindern und einem kleinen, verspielten Jaguar an ihnen vorbeischritt.

Der Pfad wurde deutlich breiter und führte abermals ein Stück durch den Dschungel. Immer mehr Händler und Bauern, schwitzend und gebeugt unter der Last ihrer Waren, bevölkerten den Pfad, bis sie Chichén Itzá aus nordwestlicher Richtung erreichten – und es Julian, Kim und Leon den Atem verschlug.

Links des Weges tat sich die etwa 170 Meter lange und 40 Meter breite Fläche des Ballspielplatzes auf, der damit zwar etwas schmaler, aber deutlich länger war als ein Fußballfeld. Im Osten und Westen wurde er von acht Meter hohen und sehr dicken Mauern flankiert. An der Westwand befand sich der Steinring, durch den der Ball bugsiert werden musste, auf der Ostwand lag der Tempel der Jaguare. Im Norden stand am Spielfeldrand eine Steintribüne für Würdenträger. Gleich daneben erhob sich eine anderthalb Meter hohe Plattform mit einem T-förmigen Grundriss. Julian erschauderte, als er sah, dass die Wände dieses **TZOMPANTLI** mit steinernen Schädeldarstellungen verziert waren.

Rasch wandte Julian den Blick ab. Er spürte Aufregung und Angst zugleich.

Gegenüber kauerte der wuchtige Tempel der Krieger. In dessen Fassaden waren die siegreichen Kämpfer der Itzá von Steinmetzen verewigt worden. Die Krieger trugen jadeverzierte Helme, Speerschleudern und Keulen.

All das wurde buchstäblich in den Schatten gestellt von der gewaltigen Stufenpyramide des Gottes Kukulcán, die sich gut 30 Meter in den leicht verhangenen Himmel schraubte. Von allen vier Seiten führte je eine Treppe mit 91 Stufen hinauf zum sechs Meter hohen Tempelgebäude, dessen Haupteingang von zwei Schlangensäulen getragen wurde. Aus Fässern, gespeist mit Weihrauch aus **COPAL**-Harz, kringelten Rauchgirlanden, an Masten flatterten Fahnen mit langen Federn.

Eine Karawane von Händlern und Lieferanten lief an der Pyramide vorbei zu dem dahinterliegenden Gebäudekomplex, auf den auch Tecun zusteuerte. Zwischen den vielen einfachen Leuten stolzierten auch Adlige herum, die weit besser gekleidet waren. Sie trugen mit Jade und Gold besetzte Lendenschurze, fein gewebte Umhänge und mit Federn und Perlen verzierte Kopfbedeckungen. Ihre Gesichter waren mit farbenprächtigen, fantasievollen Mustern bemalt, in ihren Lippen, Nasen und Ohrläppchen steckte goldener Schmuck und an ihren Hand- und Fußgelenken klimperten Kettchen.

Aber auch sie machten voller Ehrfurcht dem Sohn des Königs Platz. Als er mit hocherhobenem Kopf an ihnen vorbeischritt und die Menschen erkannten, dass Tecun zwei Gefangene gemacht hatte, brandete Beifall auf. Auch Kija wurde wieder ungläubig staunend beäugt.

Tecun führte sie an einem Bauwerk mit unzähligen Säulen vorbei, das, wie er sagte, als Versammlungshalle diente. Hier kam der hohe Rat unter Leitung seines Vaters Ajaw zusammen, wenn es eine Entscheidung zu treffen galt, bei der Ajaw seine Beamten und Priester miteinbeziehen wollte.

„Das kommt allerdings nicht so oft vor", sagte Tecun mit einem Lächeln. „Mein Vater ist sich seiner Sache zumeist sehr sicher. Auf meine Mutter Muyal und vor allem auf Anayansi hört er aber gern – und manchmal auch auf mich."

Sie liefen an einem weiteren, deutlich kleineren Ballspielplatz vorbei und gelangten zum Palast des Königs, an dessen Eingang zwei schwer bewaffnete Wachen standen.

Man geleitete sie in eine riesige Halle, in der ein feiner Zitronengeruch hing, hervorgerufen durch das Verräuchern von Copal-Harz. Der Boden bestand aus Kalksandstein-Quadern, die Wände waren mit farbenfrohen Motiven verziert, die Jagd- und Kampfszenen zeigten. Auch Musiker mit Trommeln und Blasinstrumenten waren darauf zu sehen. Grün-, Orange- und Blautöne herrschten vor. Von Künstlerhand gefertigte Ton- und Jadefiguren, die göttliche Wesen und verehrte Tiere wie den Jaguar darstellten, standen in reicher Zahl in Nischen – ebenso wie Diener, die sich unauffällig im Hintergrund hielten.

Stimmen hallten durch den großen Raum. Sie kamen von einem Podest an der Stirnseite. Dort befanden sich eine Frau und zwei Männer bei einem Thron aus Stein, auf den durch einen Deckendurchlass Licht fiel wie von einem Scheinwerfer. Die Beine des Throns glichen gefiederten Schlangen, während die Armlehnen wie Raubtiere geformt waren. Diese hatten Augen aus Jade und rissen die Mäuler weit auf, als wollten sie die Besucher verschlingen. Über der Lehne war ein Jaguarfell gespannt, das weit über den Kopf der dort sitzenden Gestalt hinausragte.

Das ist König Ajaw, dachte Julian mit klopfendem Herzen.

Der Herrscher der Itzá trug einen langen Umhang aus grünen und roten Papageienfedern, eine Art Hut mit Muscheln und Jadeplaketten, unter dem seine langen, zu einem Zopf gebundenen Haare hervorragten, sowie einen reich bestickten Lendenschurz und prachtvoll verzierte Sandalen. Nun richtete er seine dunklen Augen auf die Neuankömmlinge und zwar zuerst auf Julian. Es war ein Blick, der durch und durch ging, und Julian kam es so vor, als schaute der mächtige Herrscher direkt in sein Herz. Der Junge fühlte sich mit einem Mal sehr klein.

Der kalte, stechende Blick wanderte weiter, blieb kurz an Kim und Leon sowie den beiden gefangenen Feinden hängen, um dann auf Kija zu ruhen. Die Katze reckte das Köpfchen und erwiderte den Blick voller Stolz, und nun huschte ein Schatten der Veränderung über Ajaws Gesicht. Er lächelte.

„Tecun“, sprach der Herrscher der Itzá und seine tiefe, heisere Stimme klang wie Donnergrollen in der steinernen Halle. „Wie ich sehe, haben dich die Götter heute reich beschenkt.“

„Das haben sie“, bestätigte sein Sohn und berichtete von dem Überfall auf ihn und seine Männer. „Ohne diese mutigen Kinder hier“, sagte er und deutete auf Kim, Julian und Leon, „wäre der Kampf womöglich anders ausgegangen. Sie haben uns im letzten Moment gewarnt.“

Dann stellte Tecun die Gefährten vor. Bei dieser Gelegenheit erfuhren sie auch, wer die anderen drei auf dem Podest waren.

Der eine der beiden Männer hieß Kinich und war der jüngere Bruder des Königs: ein mürrischer, sehr stark schielender Mann mit herabhängenden Mundwinkeln und ständig gefurchter Stirn.

Der andere Mann, er war klein, hatte einen kugelrunden Kopf und Schildkrötenaugen, war der Hohepriester Akbal.

Bei der Frau handelte es sich um Königin Muyal, eine große, schlanke Gestalt, die ein elegantes Kleid in Gelb- und Orangetönen, sowie einen mit kleinen Muscheln verzierten Gürtel, zahllose Armbänder und goldene Ketten trug. Ihr glattes, pechschwarzes Haar wurde von einem Tuch zusammengehalten, in dem Perlen um die Wette funkelten. Ihr ebenmäßiges

Gesicht war dezent geschminkt. Ein feiner Vanilleduft umhüllte die Königin.

„Dann waren diese Kinder und der kleine Jaguar genau zum richtigen Zeitpunkt am richtigen Ort", stellte sie fest, als ihr Sohn seinen Bericht beendet hatte. „Den Göttern sei Dank."

Sie ging in die Knie und streckte die Hand nach der Katze aus – und Kija ließ sich nicht zweimal bitten. Sie strich der Königin um die Beine. Dann glitt die Katze zum Thron und eroberte auch das Herz des mächtigen Herrschers der Itzá im Sturm. Er beugte sich nach unten und kraulte Kija am Nacken.

„Ich möchte, dass diese Kinder in unserem Palast leben dürfen. Sicher haben wir Verwendung für sie", sagte Tecun. „Als Diener vielleicht. Ich könnte mir vorstellen, dass Anayansi sie mögen wird."

Oh ja, das wäre großartig!, dachte Julian. Er fing Blicke von Kim und Leon auf. Sie blinzelten ihm zu.

„Natürlich, so soll es sein", entschied der König, der immer noch lächelte. Doch dann gefroren seine Gesichtszüge und er starrte auf die beiden Gefangenen. „Nahil, Sohn meines Erzfeindes – und einer seiner Handlanger. Was fällt euch ein, in mein Reich einzudringen und meinen Sohn anzugreifen? Was plant dein elender Vater, hat er euch beauftragt, meinen Sohn zu entführen und gar zu opfern? Oder will dieser von Neid zerfressene Niemand uns überfallen, unsere Stadt erobern? Redet!"

Schweigen.

„Ihr glaubt, nicht antworten zu müssen?", fragte Ajaw gefährlich leise. „Nun, wir haben Möglichkeiten, eure Zungen zu lockern."

„Die haben wir in der Tat", meldete sich da zum ersten Mal Kinich, der Bruder des Königs, zu Wort. Er verzog den Mund zu etwas, das an ein wölfisches Lächeln erinnerte. „Und dann werdet ihr zu den Göttern beten, niemals geboren worden zu sein."

Der Hohepriester Akbal ergänzte mit hoher, schon fast fiepender Stimme: „Wir sollten sie opfern! Oben auf unserer Pyramide."

Nein!, durchfuhr es Julian. Er blickte zu den Gefangenen. Vor allem der riesige Nahil wirkte zu Julians Überraschung völlig unbeeindruckt von den Drohungen. Nahils Augen waren zu Schlitzen verengt. Voller Hass und Abscheu starrte er auf Tecun und dessen Vater, wobei er vor brutaler Energie und unbändiger Kampfeslust nur so strotzte.

Wenn Nahil nicht gefesselt wäre, ahnte Julian, würde sich der hünenhafte Krieger wohl auf die Herrscher von Itzá stürzen.

Als Nahil und auch Xaman weiterhin schwiegen, befahl der König aufgebracht: „Schafft diese hinterhältigen Kerle fort, werft sie ins Gefängnis, ich ertrage ihren Anblick nicht länger."

„Aber später werden wir sie opfern, nicht wahr, mein Herr?", fragte der Hohepriester ebenso unterwürfig wie hoffnungsvoll, nachdem die Gefangenen abgeführt worden waren.

Der König sank in seinen Thron zurück und schien nachzudenken. Da meinte seine Frau: „Lasst uns erst einmal in Ruhe darüber beratschlagen, ob dies der richtige Weg ist."

„Daran gibt es wohl keine Zweifel", brauste der Hohepriester Akbal auf. Offenbar gefiel es ihm nicht, dass eine Frau seine Pläne infrage stellte, auch wenn sie eine Königin war. „Außerdem ist es ja wohl ..."

„Schweig“, befahl der König und jetzt war sein Blick wieder durchdringend und furchterregend kalt. Akbals Mund klappte augenblicklich zu.

„Lasst uns nun Tecuns glückliche Rückkehr feiern.“ Ajaw schaute Julian, Kim und Leon an. „Ihr habt sicher auch Hunger, oder?“

Das hatten sie – und wie!

„Holt Anayansi“, rief Königin Muyal einem der Diener zu. „Sie wird begierig sein, die jungen Fremden und den kleinen Jaguar kennenzulernen.“

Kurz darauf saßen sie auf mit Fellen überzogenen Kissen auf dem Boden um köstliche Speisen herum. Es gab gebratene Vögel und Kaninchen, Fisch, Süßkartoffeln, Tomaten, Papayas, Mais, Kürbisse und Honig sowie **PULQUE** für die Erwachsenen und Kakao für Anayansi, Julian, Kim und Leon.

Kija hatte einen Ehrenplatz an der Seite des Königs. Vor ihr standen zwei Schälchen, die von aufmerksamen Dienern ständig aufgefüllt wurden. In dem einen waren Wels-Häppchen, in dem anderen befand sich kühles Wasser.

Julian saß Anayansi gegenüber. Die Königstochter war zierlich, ihre Nase klein und spitz, die Lippen waren voll und ihre Augen so grün wie das Wasser einer Lagune. In Anayansis Blick lag eine gewisse Wildheit. Bei ihr wirkte das Schielen einfach nur süß, wie jedenfalls Julian fand. Anayansis Kleidung war im Gegensatz zu der ihrer Mutter eher schlicht, was die natürliche Anmut der Königstochter nur noch unterstrich.

Sie stellte Julian, Leon und Kim viele Fragen und war von Kija ebenso begeistert wie ihr Bruder und ihre Eltern.

„Wie schön, dass sich unsere Wege gekreuzt haben“, sagte Anayansi. „Ich freue mich, euch um mich zu haben.“

Wir freuen uns auch, dachte Julian und strahlte. Er hoffte, dass er und seine Freunde an der Seite der klugen Königstochter tief in die wundersame Welt der Maya eintauchen würden. Vielleicht zeigte Anayansi ihnen sogar das Observatorium.

Nach einer Weile wagte es der Hohepriester Akbal, das Gespräch wieder auf den Überfall zu lenken.

„Himmelsgleicher Herrscher", sprach er König Ajaw an. „Wir haben heute erfahren müssen, dass es einen Angriff auf Euren Thronfolger, den besten Krieger und Ballspieler unseres Volkes, gegeben hat."

„Was du nicht sagst", meinte Ajaw ungehalten, was den Hohepriester ein wenig aus dem Konzept brachte.

Doch dann sammelte er sich und fuhr fort: „Wie ich schon vorgeschlagen habe, sollten wir reagieren. Eine solch ruchlose Tat darf auf keinen Fall ungesühnt bleiben, bei **ITZAMNÁ**."

„Richtig, das schreit nach Rache", pflichtete Kinich ihm bei. „Wenn wir nichts unternehmen, werden wir diese elenden Kerle ermutigen, es wieder zu tun. Wir sollten Nahil und Xaman den Göttern opfern."

Die Freunde wechselten bange Blicke. Bitte nicht!

Da meldete sich Anayansi zu Wort …

EIN UNGEWÖHNLICHER VORSCHLAG

Anayansis Stimme war leise, aber dennoch verstummten die anderen augenblicklich und alle Köpfe ruckten in ihre Richtung.

„Ein Ballspiel“, sagte die Tochter des Königs. „Kein Menschenopfer, sondern Ulama. Lasst uns den Konflikt auf diese Art lösen.“

Für einen Moment herrschte Stille. So als hielten alle den Atem an. Nach wie vor waren die Blicke auf Anayansi gerichtet. In manchen Augen, wie in denen ihres Vaters und ihres Bruders, spiegelte sich Überraschung wider, in anderen, wie in denen ihrer Mutter, ihres Onkels Kinich und des Hohepriesters Akbal, lag Ablehnung.

Kim war schlichtweg begeistert von dem Vorschlag.

Das war doch eine großartige Idee! Aber Kim hielt sich zurück, auch wenn ihr das schwerfiel. Schließlich war sie nur eine kleine Dienerin im Palast, und das auch erst seit eben. Es war bestimmt ratsam, zunächst die anderen wie den König auf Anayansis Vorschlag reagieren zu lassen.

Jedoch war es Akbal, der als Erster die Stille durchbrach: „Mit Verlaub, verehrte Tochter des königlichen Himmelslichts, das ist ... kindisch."

„Ist es nicht", entgegnete Anayansi selbstbewusst und nun eine Spur lauter. „Eine Mannschaft aus Chichén Itzá und eine aus Dzibilchaltún sollen hier bei uns auf dem großen Ballspielplatz gegeneinander antreten. Die Verlierer müssen einen hohen Preis zahlen. Ich denke an ... so viel Gold, Kakaobohnen und Jade, wie einhundert starke Männer tragen können."

Akbal verdrehte die Augen. „Nein, nein, nein. So etwas klärt man nicht mit einem Ball, sondern mit einer Keule oder mit einem Opfermesser. Männer aus Dzibilchaltún haben heute versucht, das königliche Blut der Itzá zu vergießen. Das müssen wir vergelten – und zwar ebenfalls mit Blut. Mit dem Blut des Königssohns der Dzibilchaltún!"

„Wo steht das geschrieben?“, verlangte Anayansi zu wissen.

Jetzt mischte sich Kinich ein: „Bei den Göttern, das steht nirgends. Aber wir haben es immer so gemacht.“

Hohepriester Akbal nickte eifrig. „So ist es, so ist es“, plapperte er wie einer der Papageien im nahen Dschungel.

„Das bedeutet nichts“, erwiderte Anayansi.

„Na ja, wir haben auf diese Art immer Erfolg gehabt“, wandte nun König Ajaw ein.

Seine Frau Muyal breitete die Arme aus. „Da hast du recht. Unser Reich ist nicht zuletzt deshalb so stark“, meinte sie und ergänzte milde zu ihrer Tochter: „Und das weißt du auch, mein Kind. Dein Vorschlag ehrt dich, aber auch ich halte ihn für nicht richtig durchdacht.“

Doch Anayansi ließ sich von dem Gegenwind nicht beirren. „Unser Reich wäre noch stärker, wenn wir durch Gewalt nicht immer wieder Menschen verloren hätten. Sollten wir Nahil und Xaman jetzt töten, wird es Vergeltung geben. Wir Itzá müssten dann jederzeit mit einem Überfall durch das Volk der Dzibilchaltún rechnen“, sagte sie und Kim war beeindruckt von

Anayansis Mut, Selbstbewusstsein und Weitsicht. Mit einem Blick zu Leon und Julian stellte Kim fest, dass die beiden ebenso empfanden. Kim zog Kija an sich und streichelte sie. Dabei bemerkte das Mädchen, dass die Katze unruhig war.

„Manchmal ist es eben an der Zeit, einen neuen Weg zu gehen", fuhr Anayansi fort und schaute dabei zu ihrem Bruder, als würde sie dessen Unterstützung einfordern.

Nachdenklich wiegte Tecun den Kopf. „Ich weiß nicht. Dein Vorschlag ist wirklich sehr ehrenwert, wie Mutter schon sagte. Schließlich ist Gewalt tatsächlich nicht immer die beste Lösung. Aber ich fürchte, dass das Volk der Dzibilchaltún leider keine andere Sprache versteht."

Akbal trommelte mit seinen kurzen Fingern einen nervösen Wirbel auf sein Kissen. „Das sehe ich ganz genauso", fiepte er gereizt. „Und da ist noch etwas anderes: Nehmen wir einmal an, wir würden uns auf die Idee der Tochter unseres weisen Gottkönigs einlassen, was ich nicht hoffe ... Was wäre, wenn wir das so wichtige Ulama-Spiel verlieren? Wollen wir dann diesem Herrscherwicht Wayak wirklich so viel Gold, Jade und Kakaobohnen geben?"

„Verlieren?" Tecun lachte auf. „Meine Mannschaft? Niemals!"

Anayansi lächelte triumphierend. „So ist es. Unsere Mannschaft um meinen Bruder Tecun gilt als unschlagbar – und das völlig zu Recht! Kannst du dich an eine Niederlage von Tecun und seinen Männern erinnern, Akbal? Oder du, Kinich? Mutter?"

Der Hohepriester schwieg mit verkniffenem Mund.

Kinich tat so, als müsste er scharf nachdenken, und Muyal schürzte die Lippen.

Tecun meinte: „Unsere Spieler sind in der Tat sehr stark und brauchen keinen Gegner zu fürchten. Und dank Anayansi haben wir eine besondere Verbindung zu den Göttern.“ Mit einem schnellen Blick auf den Hohepriester fügte er schon fast entschuldigend an: „Und dank dir natürlich, Akbal. Die Götter haben uns bisher immer beigestanden.“

„Seht ihr“, bekräftigte Anayansi. „Und unsere Mannschaft hat sogar auch schon einmal gegen die aus Dzibilchaltún gesiegt. Es ist schon lange her, aber das zeigt uns, dass wir mit großer Wahrscheinlichkeit erneut triumphieren werden.“

„Verzeiht mir meine harten Worte, aber das Ganze ist und bleibt Unsinn“, rief Akbal. „Ein ehrloser und feiger Kerl wie der König der Dzibilchaltún wird keine Mannschaft schicken.“

König Ajaw seufzte. „Das könnte sein.“

Kim bemerkte, dass Anayansi etwas unsicher wirkte. Doch es war nur für einen kurzen Moment. Dann hatte sie sich wieder im Griff. „Doch, das wird er. Wir behalten Nahil hier, als Pfand sozusagen. Sein

Vasall Xaman soll sich nach Dzibilchaltún begeben und unseren Vorschlag König Wayak vortragen. Und weil ..."

„*Unseren* Vorschlag? Deinen", unterbrach ihr Onkel Kinich sie.

„Und weil es um seinen Sohn geht, wird Wayak zustimmen", brachte Anayansi ihren Satz ungerührt zu Ende.

„Denn sonst würden wir Nahil opfern ...", führte König Ajaw den Gedanken fort.

Dann schwiegen alle für eine Weile, sogar Akbal und Kinich. Kim hatte den Eindruck, dass sie nach einer neuen Strategie suchten, wie sie sich gegen Anayansi durchsetzen konnten. Tecun und Muyal wirkten auf Kim eher unschlüssig. Aus der Miene des Königs konnte sie gar nichts herauslesen.

„Ich verstehe übrigens nicht, warum ausgerechnet du etwas gegen ein Ulama-Spiel hast, Kinich", brach Anayansi schließlich das Schweigen. „Du liebst doch Ulama und vor allem liebst du es, dabei Wetten abzuschließen."

Bevor Kinich etwas erwidern konnte, meinte sein Bruder, der König: „Ja, das stimmt allerdings. Leider.

Denn du hast schon unzählige Bohnen und Perlen bei deinen Wetten verloren, Kinich. Du hast sehr hohe Schulden ..."

Aus Kinichs Augen sprühte Zorn. „Das gehört jetzt überhaupt nicht hierher!", brach es aus ihm heraus. „Und vergiss nicht: Jeder hat einmal Pech, Bruder. Mit Ausnahme von dir vielleicht."

„Schön wär's", meinte Ajaw.

„Doch, so war es – und so ist es. Dir fiel immer alles zu, du hattest fast immer Erfolg. Kein Wunder, du bist ja der Erstgeborene, derjenige, der auf den Thron kam, während mir nur die Rolle des Zuschauers blieb."

Oh, dachte Kim. War Kinich eifersüchtig auf seinen Bruder? Gönnte er ihm die Machtfülle etwa nicht?

„Das kannst du mir nicht zum Vorwurf machen, Kinich", sagte Ajaw kühl.

„Stimmt", gab Kinich zu. „Aber du brauchst meine Wettschulden nicht vor allen Leuten zu erwähnen."

„Ich sage nur, was jeder ohnehin weiß – bis auf unsere neuen Diener", hielt Ajaw ihm entgegen. „Du kennst doch den Tratsch im Palast, auf den Märkten oder den Ballspielplätzen. Außerdem haben deine Wetten nichts mit der von den Göttern bestimmten Thronfolge zu tun." In seinen Augen brannte ein gefährliches Feuer. „Und jetzt sei ruhig."

Der König behandelte seinen jüngeren Bruder wie ein ungezogenes Kind und Kinichs Gesicht verfärbte sich vor Ärger. Sichtlich gekränkt wandte er sich ab und starrte mit leerem Blick in die Tiefen der Halle. Dabei sackte Kinich regelrecht in sich zusammen.

„Wenn es erlaubt ist, würde ich gerne zu unserem eigentlichen Thema zurückkehren", sagte der Hohepriester Akbal. Er schien sich etwas beruhigt zu haben und klang nicht mehr ganz so aufgebracht wegen Anayansis Vorschlag. „Zu der Frage, was wir mit unseren Gefangenen machen: Meiner Meinung nach sollten wir die beiden noch heute im Tempel der gefiederten Schlange opfern. Bei einer großen Zeremonie vor dem versammelten Volk der Itzá. Das Blut dieser Gefangenen ist etwas Besonderes, vor allem das des Königssohns Nahil. Die Gunst der Götter wird uns nach einem solchen Opfer gewiss sein."

Kinich nickte, ebenso Tecun und Muyal.

Dann wandte sich Tecun an den König: „Du hast das letzte Wort, Vater."

Kims Herz begann heftig zu pochen. Wie würde sich der Herrscher der Itzá entscheiden?

IM SCHATTEN DER PYRAMIDE

Lange ruhte der durchdringende Blick des Königs auf seinem Sohn Tecun, dann auf seiner Tochter Anayansi. Schließlich sagte der Herrscher in die gespannte Stille hinein: „Wir machen es so, wie Anayansi vorgeschlagen hat. Ein Spiel. Nahil wird unser Gefangener sein, sein Vasall Xaman läuft nach Dzibilchaltún, um König Wayak unser Angebot zu unterbreiten."

Er legte eine kurze Pause ein und Leon, der wie Julian und Kim sehr erleichtert war, konnte die Reaktionen der anderen in der Halle beobachten.

Akbals und Kinichs Mienen spiegelten blanke Ablehnung wider, das Gesicht von Tecun zeigte Skepsis. Und Muyal hob die Brauen, unfähig, ihre Überraschung zu verbergen. Nur Anayansi strahlte Zufriedenheit aus, was zu einem kleinen Teil auch daran liegen mochte, dass Kija zu ihr gelaufen war und Köpfchen gab.

Jetzt klappte Akbals Mund auf, als ob er erneut gegen Anayansis Idee wettern wollte, doch König Ajaw ließ ihn gar nicht erst zu Wort kommen: „Xaman soll noch heute Abend im Fackelschein aufbrechen. Er wird von hier nach Dzibilchaltún und zurück etwa zehn Tage brauchen. Sollte Xaman mit einer Absage von König Wayak wiederkommen, werden wir Nahil opfern."

Leon schloss für einen Moment die Augen. Das durfte auf keinen Fall passieren. Aber er beruhigte sich, indem er sich sagte, dass König Wayak seinen eigenen Sohn wohl niemals im Stich lassen würde.

„Gut, so sei es, wenn dies dein Wunsch ist, mein Vater", sagte Tecun. „Meine Männer und ich werden dich beim Spiel nicht enttäuschen."

Der Herrscher nickte. „Das weiß ich. Sonst hätte ich diesem Vorschlag auch nicht zugestimmt."

Die Entscheidung war also gefallen und man wandte sich anderen, weit unwichtigeren Themen zu – aber Leon entging nicht, dass Kinich und Akbal alles andere als glücklich wirkten. Sie schienen gute Miene zum – aus ihrer Sicht – bösen Spiel zu machen.

Nach dem feinen Essen fragte Anayansi die Gefährten: „Seid ihr schon müde?"

„Nein!", rief Leon sofort. Die Eindrücke, die auf ihn einprasselten, waren so vielfältig, faszinierend und teils auch verwirrend, dass er keine Sekunde an Schlaf denken konnte. Julian und Kim ging es ebenso und Kija, der Nachtschwärmerin, selbstverständlich auch.

Anayansi lächelte. „Gut, wie wäre es mit einem Spaziergang?"

Natürlich waren die Gefährten einverstanden.

„Sehr schön, wartet vor dem Palast, ich muss noch etwas holen", kündigte Anayansi geheimnisvoll an.

Und so standen Leon, Kim, Julian und Kija kurz darauf draußen vor dem Palast. Es war ein lauer Abend. Leon schätzte, dass es bald Mitternacht sein musste. Über Chichén Itzá spannte sich ein herrlicher Nachthimmel mit unzähligen Sternen. Es war Vollmond.

Da tauchte Anayansi wieder auf. Sie hatte sich etwas unter den Arm geklemmt, das in ein Tuch eingeschlagen war.

Anayansi, die eine Fackel trug und nun auch Kim eine reichte, führte die Gefährten nach links auf einen Weg, der mit exakt behauenen Steinplatten ausgelegt war. Vom nahe gelegenen Dschungel drangen die Geräusche der nächtlichen Jäger zu ihnen herüber. Leon vernahm ein Knurren, dann ein aufgeregtes Geschnatter und schließlich ein Kreischen. Kija drehte die Ohren nach vorn und reckte ihr Näschen mal hierhin, mal dorthin.

„Wohin gehen wir?“, fragte Leon neugierig.

Anayansi lächelte und antwortete: „An einen Ort, an dem wir den Sternen und den Göttern sehr nah sind.“

Ob sie das Observatorium meint?, schoss es Leon durch den Kopf. Das wäre ja großartig!

„Ich will die Zeichen deuten, die uns der Himmel schickt“, ergänzte Anayansi. „Daraus kann ich womöglich lesen, ob uns die Götter bei diesem wichtigen Spiel, das unsere gesamte Schöpfung widerspiegelt, gnädig gestimmt sein werden.“

Das war den Gefährten neu. „Die gesamte Schöpfung?“, fragte Leon und bereute es im selben Moment.

Prompt sah Anayansi ihn überrascht an. „Das weißt du nicht? Oh, ich fürchte, in eurem Dorf ist es mit der Bildung nicht allzu weit her gewesen. Nun, ich will es euch aber gern erklären: Als die Welt noch nicht fertig war und es weder Tag noch Nacht gab, forderten die bösen Götter der Unterwelt die Zwillinge Hunahpú und Ixbalanqué zum Ballspiel heraus. Die Götter des Todes hatten zuvor schon deren Vater getötet und sie hofften, auch die Brüder beim Spiel ermorden zu können. Doch es kam anders, die Zwillinge gewannen das Spiel und töteten die bösen Götter. Dann stiegen die Brüder als Sonne und Mond in den Himmel auf – und unsere Welt war erschaffen.“

„Verstehe“, murmelte Leon, der sich immer noch ein wenig über sich selbst ärgerte. „Wir haben mehrfach gehört, dass du eine besondere Verbindung zu den Göttern hast.“

„Und dich zudem gut mit Kräutern auskennst“, ergänzte Kim.

„Das stimmt“, erwiderte die Königstochter. „Alle denken, dass ich auserwählt bin, dass ich eine besondere Gabe habe. Vielleicht ist es so. Aber ich interessiere mich auch sehr dafür und hatte und habe gute Lehrmeister. Akbal erklärte mir vieles zu den Göttern und Sternen, meine Mutter zu den Pflanzen. Mit einer Paste aus Honig und Basilikum kann ich Infektionen stoppen. Ein Sud aus Ringelblumen senkt das Fieber und Löwenzahn ist gut bei Wunden, die nicht abheilen wollen, um nur einige Beispiele zu nennen. Außerdem habe ich Tränke, die Mut und Kraft verleihen – mein Bruder Tecun liebt diese Säfte ganz besonders. Ich habe das alles niedergeschrieben. Alles, was ich über die Pflanzen und alles, was ich über die Sterne weiß." Sie lachte leise. „In einem Buch. Mein Bruder nennt es ein Zauberbuch."

Leon erinnerte sich. Tecun hatte dieses Buch erwähnt, als er und seine Männer die Angreifer aus Dzibilchaltún zurückgeschlagen und Nahil und Xaman gefangengenommen hatten.

„Nun, so weit würde ich nicht gehen", fuhr Anayansi fort. „Aber es ist das Wertvollste, das ich besitze. Es ist viel mehr wert als ein Berg von Jade. Denn Wissen ist die wahre Macht." Sie blieb stehen und sagte feierlich: „Hier ist es."

Anayansi legte den Gegenstand, den sie unter dem Arm trug, auf einen flachen Stein am Wegrand und zog das Tuch weg.

Leons Augen wurden groß, als Anayansi im Schein der Fackeln die wie eine Ziehharmonika gefalteten Seiten ihres Buches ausbreitete. Leon sah genaue Zeichnungen von Pflanzen, Sternen und ihren Bahnen sowie wundersame Schriftzeichen. Anayansi deutete auf die eine oder andere Stelle und erklärte, was dort zu sehen war.

„Das ist wundervoll“, staunte Leon. Wie konnte ein Mensch, der kaum älter war als er selbst, schon so viel Wissen zusammentragen?

„Danke.“ Anayansi seufzte. „Aber es ist nicht immer leicht ...“

„Wieso?", fragte Julian.

„Nun ja, alle erwarten von mir, dass ich den richtigen Zeitpunkt für Aussaat und Ernte vorhersagen oder jeden heilen kann. Doch auch mir sind Grenzen gesetzt und ich habe Angst, den Erwartungen nicht gerecht zu werden." Sie faltete ihr Buch behutsam zusammen, schlug es wieder ins Tuch ein und setzte den Weg fort.

Die Gefährten folgten ihr. Leon ging als Letzter.

Während sich Kim, Julian und Anayansi unterhielten, dachte Leon über das nach, was die Königstochter gerade gesagt hatte. Ja, das war wirklich eine große Verantwortung ...

Da bemerkte er, dass Kija, die die ganze Zeit über auf samtenen Pfoten neben ihm hergelaufen war, innehielt. Die Katze setzte sich und drehte den Kopf schräg nach hinten.

Leon folgte Kijas Blick und erstarrte. War da jemand hinter einen Baumstamm gehuscht? Wurden sie verfolgt?

Leon starrte in die Richtung, bis seine Augen brannten. Aber nun war dort nichts Verdächtiges mehr zu sehen. Vermutlich hatte er sich geirrt.

Als Kija wieder loslief, setzte sich Leon ebenfalls in Bewegung und schloss zu den anderen auf.

Kurze Zeit später erreichten sie tatsächlich die Sternwarte, wie Leon vermutet und gehofft hatte.

Anayansi schritt weiterhin voran und führte sie über eine breite Treppe, deren Seiten mit ineinander verschlungenen Schlangenkörpern verziert waren, zu einer rechteckigen Plattform. Von dort ging es, vorbei an zahlreichen Räuchergefäßen, hinauf zu einer zweiten und schließlich zu einer dritten Ebene, auf der sich das eigentliche Observatorium erhob: ein kreisrunder Turm.

Sie schlüpften durch eine schmale Türöffnung – und hier drehte sich Leon noch einmal um. War ihnen wirklich niemand gefolgt?

Nein, lautete die Antwort. Der Platz vor der Sternwarte war leer und verlassen. Allerdings gab es hier noch einige kleinere Gebäude, die durchaus Versteckmöglichkeiten boten ...

„Leon, kommst du?", fragte Kim und Leon eilte ihr und den anderen hinterher.

Über eine gewundene Treppe gelangten sie in eine Kammer mit mehreren schmalen Fensteröffnungen.

Anayansi ging zu einem der Schlitze und öffnete erneut ihr Buch. Sie suchte im Schein der Fackeln darin, bis sie eine bestimmte Zeichnung fand. „Schaut, das ist **CHIKCHAN**, die Regenschlange", sprach sie. „In den Himmelskörpern erkennen wir unsere Götter. Aus ihren Bewegungen lesen wir heraus, welches Schicksal wir zu erwarten haben."

Spannend, dachte Leon, so spannend!

„Lasst uns jetzt die Fackeln löschen", bat Anayansi. Als dies geschehen war, deutete sie durch die Fensteröffnung zum Nachthimmel. „Seht ihr auch dort die Schlange?"

Leon schaute ihr über die Schulter und kniff die Augen zusammen – und ja, mit etwas Fantasie gelang es ihm. Zugleich wurde ihm klar, dass die Maya ganz andere Sternbilder hatten als die, die er und seine Freunde kannten.

Anayansi zeigte ihnen noch viele andere Formationen am Himmel, bevor sie sagte: „Und dort ist die Venus, unser Kriegsgott. Je nachdem wo sich die Venus am Himmel befindet, ist der Tag günstig oder ungünstig, um unsere Feinde zu besiegen – ob im Krieg oder im Spiel."

„Und – wie sieht es für das Spiel aus?“, fragte Kim.

Anayansi zögerte einen Moment. Sie konzentrierte sich offenbar. Dann sagte sie mit Bedacht: „Das Spiel wird in etwa zehn Tagen stattfinden, wenn Wayak es nicht ablehnt, was ich aber nicht glaube. Wäre es morgen, so wäre ich mir sicher, dass Venus uns wohlgesonnen ist. Aber in zehn Tagen ... hm, da bin ich vorsichtig. Ich werde am Vorabend des Spiels erneut hierherkommen. Heute möchte ich den Göttern noch ein kleines Opfer darbringen – auf der Pyramide des Kukulcán. Ich möchte mich bedanken, dass Tecun heil nach Hause zurückgekehrt ist. Wollt ihr mitkommen?“

Selbstverständlich wollten die Gefährten das.

Eine Viertelstunde später fanden sie sich auf dem Platz mit der gewaltigen Pyramide des Kukulcán wieder, die von einigen Fackeln in ein gespenstisch flackerndes Licht getaucht wurde. Der Geruch von Weihrauch lag in der Luft.

Sie stiegen die steilen Stufen bis zum Allerheiligsten hinauf – dem Tempel der gefiederten Schlange. Auch hier oben brannten Fackeln und als Leon mit den anderen durch einen breiten, mit Kriegerbildnissen verzierten Durchlass den Tempel betrat, hämmerte sein Herz vor Aufregung.

Im vorderen goldgelb gestrichenen Teil stand ein **CHAC MOOL** – eine auf dem Rücken liegende Gestalt aus Stein, die sich auf die Ellbogen stützte, die Beine angewinkelt hatte und den Besucher aus leblosen Augen anstarrte. Die Nase war platt und breit, der Mund nur ein Strich. Auf dem flachen Bauch stand eine Opferschale, in der etwas Rotes klebte.

Leon schluckte und wandte den Blick schnell ab, der stattdessen auf den Mauerdurchbruch hinter dem Chac Mool fiel. Durch die Öffnung sah Leon im Fackelschein einen zweiten, diesmal blau gestrichenen Raum. Dort befand sich ein recht schlichter,

rot bemalter Thron, der einen Jaguar mit aufgerissenem Maul und giftig grünen Jadeaugen darstellte.

Kija drängte sich an Leons Beine und maunzte.

Was hat sie?, überlegte Leon. Er schaute fragend zu seinen Freunden, denen Kijas Laut ebenfalls nicht entgangen war. Aber weder Kim noch Julian schienen eine Idee zu haben, was die Katze so nervös zu machen schien, denn beide zuckten mit den Schultern.

Vielleicht, dachte Leon, ist es einfach diese unheimliche Umgebung.

Anayansi blieb vor dem Chac Mool stehen und zog etwas aus ihrem Gewand hervor. Es war eine kleine Holzfigur mit kurzen Beinen und einem langen Oberkörper. Die Figur trug eine Keule und einen Umhang aus Federn. Das Gesicht glich einer hässlichen Fratze mit Reißzähnen.

Die Königstochter hielt die Figur mit den Füßen voran ins Feuer einer Fackel. Rasch züngelten Flammen daran empor und Anayansi legte ihre Opfergabe in die Schale auf dem Bauch des Chac Mool.

Sie hob die Hände und murmelte ein Gebet.

Oder ist es eine Formel, eine Beschwörung?, grübelte Leon.

Er konnte nicht verstehen, was Anayansi sagte, aber er bemerkte, dass sie immer schneller sprach. Als die Figur in der Schale komplett in Flammen gehüllt war, stieß die Königstochter einen spitzen Schrei aus, der den Gefährten einen Schauder über den Rücken jagte.

Anayansi begann zu schwanken und Leon fürchtete schon, dass sie stürzen würde.

Doch die Königstochter hatte sich schnell wieder unter Kontrolle.

„Gut“, sagte sie mit tonloser Stimme. Und noch einmal: „Gut.“

Während ihre Opfergabe langsam zu Asche zerfiel, wandte sich Anayansi ab, verließ ohne ein weiteres Wort den Tempel und begann, mit dem Buch unter dem Arm die Stufen hinabzusteigen. Die Gefährten folgten ihr rasch.

Unten angekommen atmeten Leon, Kim und Julian erst einmal tief durch. Nur Kija wirkte immer noch nervös.

„Wir kehren am besten zurück zum Palast, es ist spät geworden“, sagte Anayansi. „Morgen wird es sicher ... oh nein!“

Eine Gestalt, die einen Mantel aus Federn des heiligen **QUETZALVOGELS** trug und deren Gesicht unter einem Tuch verborgen war, stürmte aus dem Schatten der Pyramide auf die Königstochter zu. In den Händen hielt sie eine Keule mit Obsidiansplittern.

EIN ERSTER VERDACHT

Anayansi schrie auf und taumelte nach hinten. Sie riss die Arme hoch, um sich zu schützen, und verlor dabei ihr Buch. Offenbar hatte der Angreifer genau das beabsichtigt, denn er bückte sich und griff danach, während Anayansi stolperte und hinfiel.

In diesem Moment mischte sich Leon ein. Jegliche Gefahr ignorierend und nur einem Instinkt folgend versetzte er dem vornübergebeugten Kerl einen Tritt gegen die Schulter, sodass der Angreifer zur Seite kippte. Die nach dem Zauberbuch ausgestreckte Hand griff ins Leere.

Anayansi reagierte blitzschnell, schnappte sich ihr Buch, rappelte sich auf und floh in Richtung Palast. Gellend schrie sie um Hilfe.

Der Maskierte kam ebenfalls wieder auf die Füße und stieß eine Art Knurren aus. Er packte die Keule und wandte sich nun Leon zu.

Oh nein!, dachte der Junge.

„Lauft zum Ballspielplatz!“, rief er Kim und Julian zu, was allerdings nicht nötig gewesen wäre. Die beiden waren bereits losgeflitzt, Kija an ihrer Seite. Auch Leon nahm die Beine in die Hand. Ganz bewusst stürmten sie in eine andere Richtung als Anayansi.

Der Täter wirkte für einen Moment unschlüssig – und das brachte sowohl Anayansi als auch den Gefährten den entscheidenden Vorsprung. Als dann auch noch die von den Schreien der Königstochter alarmierten Wachen zur Pyramide gerannt kamen, ergriff der Maskierte seinerseits die Flucht und entkam in den nahen Dschungel.

Am nächsten Morgen wurde Julian von Kija geweckt, die ihn zuerst immer wieder angestupst und schließlich, als das wirkungslos geblieben war, mit den Schnurrhaaren an den Füßen gekitzelt hatte. Der Junge schreckte hoch und tätschelte Kijas Köpfchen.

Julian konnte der Katze einfach nicht böse sein, zumal sie ihn an seine Aufgabe erinnert hatte. Er, Leon und Kim sollten sich um das leibliche Wohl der Königstochter kümmern und das ging nun mal schlecht von der harten Matte aus, auf der Julian die Nacht verbracht hatte. Er registrierte, dass das erste Sonnenlicht in die kleine Kammer fiel, die er sich im Quartier der Dienstboten mit Leon und Kim teilte, und weckte die beiden Freunde. Die Ereignisse der vergangenen Nacht stürmten auf sie ein.

„Ob die Wachen noch nach dem Kerl gesucht haben?“, überlegte Kim.

„Bestimmt“, antwortete Julian. „Aber ich bezweifle, dass sie Erfolg hatten. Es war dunkel. Außerdem ist der Mann in den Dschungel gerannt, wo man sich sicher gut verbergen kann.“

„Womöglich weiß Anayansi mehr“, kam es von Leon. „Hoffentlich hat sie den Schock bereits verdaut.“

Sie liefen in die Palastküche, wo ihnen eine stämmige Köchin erklärte, was die Königstochter beim Frühstück bevorzugte: frisches Obst, Maisfladen mit Honig und natürlich Kakao.

Mit wahren Unmengen dieser Dinge suchten die Freunde die Privatgemächer von Anayansi auf. Die Königstochter saß auf einer schlichten Matte und schaute von einem der Ziehharmonika-Bücher hoch, als Julian, Kim und Leon eintraten. Hinter Anayansi hockten zwei Dienerinnen, die die pechschwarzen, seidig glänzenden Haare der Königstochter mit einem Duftöl einrieben, sowie mit perlenbesetzten Bändern verzierten und zu Zöpfen flochten.

Anayansis Gesicht war blasser als sonst, ihre Miene verriet Anspannung. Doch sie lächelte.

„Setzt euch zu mir und esst mit mir“, bot sie an. „Es ist wahrlich genug von allem da.“

Das ließen sich die Freunde nicht zweimal sagen.

Nachdem er einen noch warmen Maisfladen mit viel Honig verputzt hatte, fragte Julian ohne große Umschweife: „Wurde der feige Angreifer geschnappt?“

Anayansi fütterte Kija mit etwas Obst. „Leider nicht“, antwortete sie. „Die Spur verlor sich im Dschungel. Aber die Suche wird fortgesetzt.“

„Hast du denn einen Verdacht, wer dahinterstecken könnte?“, hakte Julian nach.

Die Königstochter schüttelte den Kopf. Dann lachte sie leise, aber es klang gequält. „Im Palast gibt es schon die wildesten Gerüchte, wie mir meine beiden Dienerinnen verrieten“, sagte sie. „Manche glauben offenbar, dass es der Gott Kukulcán war, der mich attackierte, um mich zu demütigen und mir zu zeigen, dass auch ich nur ein ganz normaler Mensch bin ...“

„Aber du, du glaubst das nicht, oder?“

Wieder schüttelte Anayansi den Kopf. „Nein, denn ich sehe mich nur als kleine Dienerin unserer Götter und vielleicht hin und wieder als eine Art Vermittlerin. Ich war nie anmaßend, so denke ich jedenfalls. Daher fällt mir kein Grund ein, warum die Götter mich zurechtweisen sollten."

Das konnte sich Julian auch nicht vorstellen. Vermutlich war das nur der übliche Palasttratsch.

Da kam ihm ein ganz anderer Gedanke. Eine Idee, wer der Täter sein konnte. Es war nur reine Spekulation und er hatte keine Beweise. Deshalb wollte Julian seinen Verdacht auch nicht laut vor der Königstochter äußern. Aber mit Kim und Leon würde er bei der nächsten Gelegenheit darüber reden.

Den Rest der Mahlzeit verbrachten sie schweigend, bis sich Anayansi schließlich erhob und sprach: „Ich werde jetzt in meinen Büchern lesen. Wenn ihr wollt, zeige ich euch später noch mehr von unserer Stadt."

„Sehr gern", stimmten die Gefährten sofort zu.

„Ich werde euch einen Boten schicken, wenn ich so weit bin", kündigte die Königstochter an.

Als die Gefährten mit den Resten des Frühstücks wieder auf dem Weg in die Küche waren, meinte Julian: „Leute, ich habe da so eine Idee ..."

„Lass hören", bat Kim.

Julian blieb stehen und senkte die Stimme zu einem Flüstern. „Vielleicht steckt Nahils Vasall Xaman hinter dem feigen Überfall."

„Aber der ist doch auf dem Weg nach Dzibilchaltún", erwiderte Leon.

„Und wenn nicht?", fragte Julian. „Was wäre, wenn er zwar erst den richtigen Weg eingeschlagen hat, dann aber heimlich umgekehrt ist?"

Kim runzelte die Stirn. „Warum sollte er das tun?"

„Um das Zauberbuch zu stehlen, in dem doch auch die Rezepte für die Tränke stehen, die Tecun und die anderen Ballspieler der Itzá so stark machen", führte Julian seinen Gedanken aufgeregt weiter. „Mit diesem Wissen hätte das Team von Dzibilchaltún bessere Chancen, das Spiel zu gewinnen, wenn es denn überhaupt stattfindet. Aber davon gehen ja alle aus."

„Hm, nicht schlecht", meinte Leon anerkennend. „Immerhin haben Xaman und Nahil das Gespräch über das Zauberbuch mitverfolgt, nachdem sie von Tecun und seinen Männern im Dschungel gefangengenommen worden waren. Das spricht für deinen Verdacht, Julian, ist aber leider noch lange kein handfester Beweis."

„Ist mir schon klar", meinte Julian grummelnd. Es wurmte ihn ein wenig, dass seine Theorie zwar gut war, ihn und seine Gefährten aber keinen Millimeter weiterbrachte.

In der Küche wurden sie von der Köchin gleich eingespannt. Leon und Kim sollten Gemüse klein schneiden, Julian wurde mit einem großen Korb zum Holzholen in einen der Höfe des weitverzweigten Palastes geschickt.

Auf seinem Weg kam er auch an einigen großen Gebäuden vorbei, in denen Schreiber beschäftigt waren. Unvermittelt vernahm Julian den gedämpften Klang einer hellen Männerstimme, die ihm bekannt vorkam.

Er schaute sich suchend um und entdeckte den Hohepriester Akbal, der gerade in ein Gespräch mit

Kinich, dem Bruder des Königs, vertieft war. Die beiden standen im Schatten eines hohen Türbogens und hatten die Köpfe zusammengesteckt. Sie sprachen so leise, dass Julian kein Wort verstand. Aber Kinich wirkte sehr aufgeregt, schon fast wütend. Er gestikulierte wild.

Julian wurde neugierig. Er peilte die Lage und schlich sich von hinten an die Männer heran, bis er sich in Hörweite der beiden hinter einer Säule verstecken konnte.

„... ist doch völliger Unsinn“, zischte Kinich gerade.

„Ja, wie kann er nur auf sie hören? Sie ist doch noch so jung!“, pflichtete Akbal ihm bei.

Kinich stieß ein verächtliches Schnauben aus. „Vielleicht, weil er unsicher und schwach ist.“

„Pst, sei vorsichtig, was du sagst“, warnte Akbal. Er senkte die Stimme noch weiter und Julian musste die Ohren schon sehr spitzen, um noch etwas zu verstehen. „Aber womöglich wärst du tatsächlich der bessere König.“

Kinich lachte gequält auf. „Mag sein. Ich hoffe nur, dass wir dieses Spiel verlieren, damit unser Volk sieht, wie schwach mein Bruder ist.“

Julian hielt die Luft an, während die Gedanken hinter seiner Stirn wirbelten. Das klang ja schon fast nach einer Revolte. Kinich wollte offenbar auf den Thron. War er auch bereit, das Ulama-Spiel zu sabotieren, um seinen Bruder scheitern zu sehen? Hoffentlich würde bei diesem Spiel alles mit rechten Dingen zugehen.

Jetzt zogen sich Kinich und Akbal in das Gebäude zurück und waren außer Sicht- und Hörweite. Julian traute sich nicht, ihnen zu folgen, sondern lief zu einem Stapel Brennholz, füllte den Korb und eilte wieder in die Küche. Dort informierte er leise Kim und Leon, die aus dem Staunen gar nicht mehr herauskamen.

Am frühen Nachmittag erschien wie angekündigt ein Bote und brachte die Freunde zu Anayansi, die bereits vor dem Palast auf sie wartete. Die Königstochter wirkte jetzt wesentlich fröhlicher als am Morgen.

„Lust auf einen Marktbummel?", fragte sie.

„Oh ja, und wie!" Die Freunde waren begeistert.

Anayansi führte sie zu einem großen, dicht bevölkerten Platz. Händler und Kunsthandwerker boten ihre Waren auf Decken feil oder hatten sie an Schnüre zwischen zwei einfache Holzpfeiler gehängt, damit sie bloß nicht übersehen werden konnten. Jongleure, Feuerspucker und Zauberer zeigten ihr Können, Bettler baten um eine milde Gabe.

An den Verkaufsständen gab es Papier aus Rinde, geflochtene Behälter in allen möglichen Formen und

Größen, Gewürze, Kautschuk, Honig, bunt bemalte Keramikgefäße, angebliche Heilsäfte, fein gewebte Umhänge aus Baumwolle oder einfache Decken und allen möglichen Schmuck aus Jade oder Gold. Bauern versuchten, ihre Truthähne zu verkaufen, fliegende Händler boten warme Brote an, die mit Fleisch, Zwiebeln und Bohnen gefüllt waren. Man feilschte, stritt, keifte – oder nickte zustimmend, wenn eine Übereinkunft erzielt worden war und Kakaobohnen den Besitzer wechselten.

Julian, Kim und Leon waren fasziniert, während Kija sich eher unwohl zu fühlen schien – der Trubel war ihr einfach zu viel und Kim nahm die Katze auf den Arm.

Nach dem Marktbesuch folgten die Freunde der Königstochter über einen etwa 300 Meter langen Weg zu einer Cenote.

„Ah, von hier bekommt die Stadt also ihr Wasser", sagte Julian, als er vor dem kreisrunden Loch stand, dessen Wände ebenso senkrecht abfielen wie bei der Cenote, auf die sie bereits kurz nach ihrer Ankunft gestoßen waren.

„Nein", widersprach die Königstochter. „Wir nutzen

sie nur, um unseren Göttern etwas zu opfern. Diese Cenote ist heilig. Das Tor zur Unterwelt ..."

Sie schloss die Augen und murmelte etwas vor sich hin. Die Freunde wagten nicht, sie dabei mit weiteren Fragen zu stören.

Abrupt wandte sich Anayansi schließlich ab und lief – gefolgt von den überraschten Gefährten – zurück zum Palast, wo sie ihre Studien fortsetzen wollte, wie sie sagte.

Ein Diener kam auf die Königstochter zu, sobald sie ihre Gemächer im Beisein von Kim, Julian und Leon betreten hatte.

„Eine Botschaft", verkündete er und verbeugte sich mehrfach. „Versiegelt mit Harz. Sie ist an Euch, Herrin, und Euren Bruder adressiert."

„Wer hat die Botschaft überbracht?", fragte die Königstochter, während sie sich an dem Siegel zu schaffen machte.

„Das weiß ich leider nicht, Herrin. Wir fanden die Nachricht bei einer Lieferung für die Küche."

„Seltsam", murmelte Anayansi und faltete die Botschaft auf. Die Freunde blickten ihr aufgeregt über die Schulter.

Dort stand:
Spielt das Spiel.
Aber spielt nicht Gott.
Sonst werdet Ihr beten,
niemals gelebt zu haben.

Darunter prangte eine gefiederte Schlange in blutroter Farbe. Ihr Maul war weit aufgerissen und von ihren langen Fangzähnen fielen schwarze Tropfen.

Das Schreiben glitt aus Anayansis Händen.

DAS ATTENTAT

Der Schock saß zunächst tief. Doch nachdem sich Anayansi wieder gefangen hatte, gab sie ihre Anweisungen kühl und präzise: Sie veranlasste, dass ihr Bruder und ihre Eltern informiert wurden, und befahl, dass jeder im Palast befragt werden sollte: Wer hatte etwas Verdächtiges bemerkt? Hatte jemand gesehen, wie die unheimliche Drohung in die für die Küche bestimmte Lieferung gelangt war?

Tecun eilte sofort zu seiner Schwester. Er reagierte wütend und voller Verachtung für den Verfasser des Briefes. „Was für ein elender Feigling“, stieß er hervor. „Er nennt noch nicht einmal seinen Namen!“

Er legte seiner Schwester eine Hand auf die Schulter. „Nimm es nicht ernst, lass es nicht in dein Herz.

Der Mensch, der so etwas verschickt, will dich ängstigen, verunsichern. Aber du bist stark, Anayansi, so wunderbar stark – und die Götter sind mit dir."

Anayansi schloss ihren Bruder kurz in die Arme.

„Ich werde nun mit einem weiteren Spähtrupp aufbrechen", sagte Tecun. „Bis später."

Kim, Leon und Julian beteiligten sich ebenfalls an den Nachforschungen und hörten sich genau um. Aber all das brachte nichts, die Ermittlungen verliefen im Sande. Niemand hatte etwas beobachtet.

Schließlich machten sich die Freunde wieder in Anayansis Gemächern nützlich, schüttelten die Kissen auf und fegten den Boden.

„Ob jemand aus dem Volk der Dzibilchaltún etwas damit zu tun hat?", überlegte Kim, als keiner außer Leon und Julian in Hörweite war. „Vielleicht soll die Mannschaft um Tecun vor dem großen Spiel verunsichert werden."

„Oder es ist Kinich", flüsterte Julian. „Er ist eifersüchtig auf seinen Bruder, den König. Er will ihn scheitern sehen. Scheitert Tecuns Team, scheitert auch der König. So simpel ist nach allem, was ich mitangehört habe, Kinichs Rechnung."

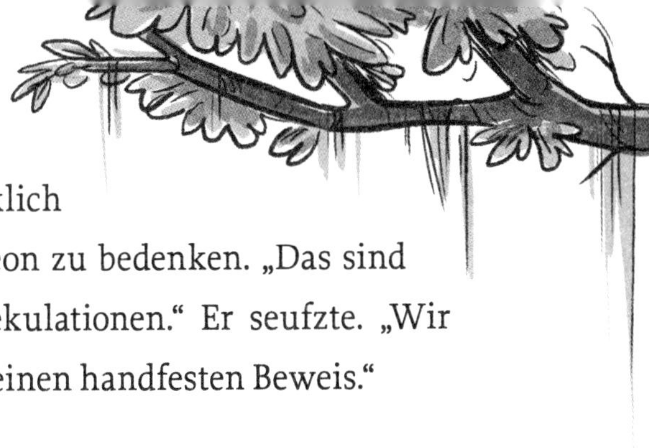

„Falls er denn wirklich dahintersteckt“, gab Leon zu bedenken. „Das sind alles wieder reine Spekulationen.“ Er seufzte. „Wir brauchen endlich mal einen handfesten Beweis.“

Die nächsten zehn Tage vergingen in gespannter Erwartung: Würde Xaman zurückkehren – und wenn ja, mit welcher Botschaft von Wayak, dem Herrscher über Dzibilchaltún?

Kim, Julian und Leon gingen ihrer Arbeit im Palast nach und genossen die Zeit, die sie mit Anayansi verbringen durften.

Die Königstochter zeigte ihnen noch so manchen interessanten Winkel ihrer Stadt und weihte sie in die Geheimnisse der Sterndeutung und der Heilkraft einiger Kräuter ein.

Manchmal spielten sie aber auch einfach nur mit Kija. In einem der Gemächer von Anayansi hatten sie zwei kleine Tore aus Stangen aufgebaut. Kija flitzte einem Kautschukbällchen hinterher und versuchte, es ins Tor zu bugsieren – was ihr fast immer gelang. Anayansi war begeistert.

Die Gedanken an den Überfall an der Pyramide

und den mysteriösen Drohbrief traten bei allen immer mehr in den Hintergrund – sie verblassten regelrecht.

Am Vorabend des zehnten Tages nach Xamans Aufbruch nach Dzibilchaltún ging Anayansi wie angekündigt erneut ins Observatorium und beobachtete im Beisein der Freunde die Sterne.

„Es sieht gut aus, wir werden dieses Ulama-Spiel gewinnen", sagte sie voller Überzeugung. Dann lächelte sie: „Es fehlt nur noch der Gegner."

Am zehnten Tag kam ein Diener in Anayansis Gemächer, wo sich die Königstochter gerade mit den Gefährten unterhielt, und bat sie, in den Thronsaal zu kommen – Xaman sei aus Dzibilchaltún zurückgekehrt und würde jetzt von König Ajaw empfangen.

Den Gefährten wurde gestattet mitzukommen und so erfuhren sie, dass Wayak dem Spiel zugestimmt habe – auch um seinen Sohn Nahil zu befreien, der noch immer im Gefängnis hockte. Und eben dieser Nahil sei übrigens der Spielführer von Dzibilchaltún.

Kim wechselte Blicke mit Julian und Leon. Der riesenhafte und überaus kräftige Nahil war trotz der Gefangenschaft ein ernstzunehmender Gegner.

Xaman sagte zu Ajaw: „Mein gottgleicher Herr und König wird Eure Stadt noch heute mit seinem Gefolge und den anderen Spielern erreichen."

„Gut, dann wird das Spiel auch noch heute stattfinden", stellte Ajaw fest. An seine Dienerschar gewandt meinte der König: „Bereitet alles für das Spiel und unsere ... wie soll ich sagen ... Gäste vor. Stellt ihnen ausreichend Quartiere zur Verfügung."

„Wie aufregend", flüsterte Kim an die Jungen gewandt.

„Ja", wisperte Julian. „Hoffentlich geht alles mit rechten Dingen zu."

Am späten Nachmittag war die Delegation um König Wayak immer noch nicht eingetroffen. Aber rund um die Spielstätte herrschte bereits ein unglaublicher Trubel.

Leon, Julian und Kim, die Kija lieber auf den Arm genommen hatte, ließen sich an der Seite von Anayansi und Tecun über den Platz treiben. Überall wurden wieder Leckereien angeboten, ob süß oder sehr scharf. Akrobaten und Gaukler zeigten einmal mehr ihr Können und fliegende Händler versuchten erneut, ihre Waren loszuwerden: wunderschöne Blumen, feine Federn und Stoffe, Glücksbringer oder Zahnpasta, die aus einer Mischung aus Asche, Honig und Minze hergestellt worden war.

Kim fielen mehrere Männer auf, die laut diskutierten. Einer der Männer hatte einen blutenden Daumen, den er jetzt auf ein Stück Rindenpapier drückte.

„Was machen die denn da?“, wollte Kim wissen.

„Oh, da wird gewettet“, erklärte Tecun. „Wenn du Bohnen oder Perlen auf eine Mannschaft setzen willst, gehst du zu einem der Moskitos, wie wir diese Wettanbieter nennen. Das sind ziemliche Blutsauger, weißt du? Die können lesen, schreiben und rechnen, was sie von den meisten anderen einfachen Leuten unterscheidet. Die Moskitos notieren sich den Namen und die Höhe des Einsatzes des Kunden. Der Kunde, der ja nicht schreiben kann, sticht

sich in den Daumen und setzt seinen blutigen Abdruck auf das Rindenpapier. Fertig."

Das wollte Kim noch nicht so ganz einleuchten. „Wenn ich verliere, ist mein Einsatz vermutlich weg. Aber was ist, wenn ich mit meiner Wette richtigliege?"

Tecun lächelte. „Berechtigte Frage. Ich erkläre es euch. Also, ihr wollt fünf Bohnen auf meine Mannschaft setzen. Ihr zeigt dem Moskito eure Bohnen, der notiert den Einsatz und das Ganze wird mit dem blutigen Daumen bestätigt. Im Gegenzug bekommt ihr

vom Moskito ein kleines Schriftstück, auf dem steht, was ihr erhaltet, wenn ihr richtigliegt: zum Beispiel drei Bohnen. Nach dem Spiel trefft ihr euch und es wird abgerechnet."

„Ach so", sagte Kim. „Aber das wäre nichts für mich."

„Für mich auch nicht", meinte Tecun. „Ich verstehe meinen Onkel Kinich nicht, der immer wieder Bohnen, Gold und sogar Jade setzt, obwohl er kein glückliches Händchen dabei hat. Seht ihr, da vorn ist er ja auch schon." Er seufzte. „Und mit wem redet er? Natürlich mit einem dieser Blutsauger."

Kim erspähte Kinich am Rand des Marktes ganz in der Nähe des Tzompantli mit den gruseligen Schädeln. Kinich wirkte sehr aufgeregt und gestikulierte heftig. Sein Gegenüber hatte die Arme vor der Brust verschränkt und wirkte vollkommen ruhig, schon fast gelangweilt.

Während Tecun, Anayansi, Leon und Julian weitergingen und dann vor einem Stand mit hübschen Tongefäßen stehen blieben und die Auslage bewunderten, sonderte sich Kim ein wenig von ihnen ab. Sie wollte lieber Kinich noch ein wenig im Auge behalten und schlenderte zum Tzompantli, wo kaum noch etwas los war und sie daher Kija absetzen konnte. Am letzten Verkaufsstand vor der Plattform blieb Kim stehen und tat so, als würde sie die Auslage – es waren Ledersandalen – begutachten. In Wirklichkeit aber spähte sie an dem Verkäufer vorbei zu Kinich.

Nun öffnete der Bruder des Königs beide Hände und Kim staunte nicht schlecht: In der einen Hand lagen viele Jadekugeln, in der anderen Gold. Der Moskito wirkte nun gar nicht mehr gelangweilt, sondern begann eilig zu schreiben.

Woher hat Kinich so viel Gold und Jade?, überlegte Kim. Der war doch so hoch verschuldet, hatte König Ajaw gesagt.

Hatte Kinich einen Kredit aufgenommen, falls es so etwas bei den Maya überhaupt gab? Oder standen ihm, dem Bruder des Herrschers der Itzá, finanzielle Mittel in unbegrenzter Menge zur Verfügung?

In diesem Moment bemerkte Kim noch etwas – und das ließ ihr das Blut in den Adern gefrieren. Neben dem Tzompantli war eine maskierte Gestalt aufgetaucht, die mit Pfeil und Bogen bewaffnet war. Sie befand sich hinter Kinich und dem Moskito, blickte sich kurz prüfend um und spannte dann den Bogen. Die Spitze des todbringenden Pfeils war auf ein Ziel hinter Kim gerichtet. Sie drehte sich rasch um und erkannte, dass der Attentäter den Stand im Visier hatte, an dem Anayansi, Tecun, Leon und Julian die Tongefäße betrachteten.

Kims Mund öffnete sich zu einem gellenden Schrei.

DAS SPIEL DER SPIELE

Die königlichen Geschwister, Leon und Julian wirbelten herum, als Kims Schrei ertönte, und sie erkannten sofort die Gefahr. Im letzten Moment stoben sie auseinander, dann schlug auch schon der Pfeil ein.

Er bohrte sich in den staubigen Boden genau an der Stelle, wo gerade noch Tecun und Anayansi nebeneinandergestanden hatten.

Ein Tumult brach aus. Händler und Kunden riefen wild durcheinander und suchten irgendwo Deckung. Wachen stürmten heran, während Tecun seine Schwester unter den Stand zog.

„Los, ihr auch", zischte er in Richtung Leon und Julian, die ungläubig und wie gelähmt auf das Geschoss starrten.

Es machte *Klick* in Leons Kopf. Tecun hatte vollkommen recht, denn vielleicht hatte der Attentäter noch einen Pfeil im Köcher!

Er und Julian, in den nun auch wieder Leben kam, sprangen ebenfalls unter den Tisch.

Anayansi zitterte am ganzen Körper und Tecun legte einen Arm um sie.

Die Wachen umringten den Stand und hoben ihre Schilde. Ein Hauptmann beugte sich zu den Geschwistern hinab und fragte nach ihrem Befinden.

„Niemand verletzt", erwiderte Tecun und krabbelte wieder unter dem Tisch hervor. An Anayansi gewandt meinte er: „Du bleibst hier, verstanden?"

Sie nickte, aschfahl im Gesicht. Tecun bellte Befehle und eilige Schritte entfernten sich. Leon war klar, dass die Jagd auf den feigen Attentäter begonnen hatte.

Wo sind Kim und Kija?, fragte er sich voller Angst. Und vor allem: Waren sie unversehrt?

Nach zwei bangen Minuten der Ungewissheit wurde Entwarnung gegeben und die Freunde trauten sich mit Anayansi aus der Deckung hervor.

Wie groß war ihre Erleichterung, als sie Kim mit Kija auf dem Arm erblickten, die gerade auf Tecun einredete. Sie liefen zu ihr und erfuhren, dass der Attentäter in den Dschungel geflohen sei und man ihn verfolge. Kim konnte nur vage Angaben zum Aussehen des Täters machen – schließlich war der ja vermummt gewesen.

Gemeinsam eilten sie zum Tzompantli und fanden dort den Bogen sowie ein paar Federn des heiligen Quetzalvogels.

„Der Anschlag hat bestimmt dir gegolten, Tecun", sagte Anayansi tonlos. „Der Kerl wollte dich ausschalten, weil du unser bester Spieler bist."

„Um das Ulama-Spiel zu gewinnen? Wenn das so wäre, müssten wir den Täter in den Reihen des Volks von Dzibilchaltún suchen", meinte Tecun nachdenklich.

„Xaman", schlug Leon vor. „Er ist schon in der Stadt ..."

„Oder Nahil", warf Julian ein. „Er wurde doch heute freigelassen."

Kim schüttelte den Kopf. „Nein, der war es nicht. Ich kann zwar nicht viel über den Täter sagen, aber sicher ist, dass er nicht so groß ist wie Nahil."

Tecun sog die Luft hörbar ein. „Solange wir den Täter nicht geschnappt haben, bleibt alles Spekulation."

Da sprintete eine Wache heran und meldete, dass König Wayak mit seinem Gefolge eingetroffen sei.

„Was für ein Zufall", knurrte Tecun. „Führt sie in den Palast zu meinem Vater."

Der Empfang in der großen Halle verlief frostig. Wayak war ein gedrungener Mann mit tief herabhängenden Mundwinkeln und erstaunlichen O-Beinen. Seinen runden Kopf krönte ein seltsames, hohes Gebilde aus bleichen Knöchelchen und Stöcken, an denen Muscheln klimperten. Über seinen Schultern hingen gleich zwei Jaguarfelle und an den Füßen trug er feinste Ledersandalen. Hinter ihm hatte sich sein riesenhafter Sohn Nahil aufgebaut.

An der Seite von König Ajaw standen Tecun und Anayansi sowie Muyal, Akbal und Kinich. Leon, Julian und Kim hielten sich zusammen mit anderen Dienern im Hintergrund.

Es wurden ein paar Geschenke und Höflichkeiten ausgetauscht, dann kam Ajaw zur Sache. „Je fünf Spieler auf jeder Seite. Meine Mannschaft wird von Tecun angeführt."

„Und meine von Nahil", erwiderte Wayak. Mit einem überheblichen Grinsen wandte er sich an Tecun: „Hoffentlich bist du heute Abend noch in der Lage, den Sternenhimmel zu bewundern, wenn er mit dir und deinen Leuten fertig ist."

Leon sah, dass Tecun die Fäuste ballte. Aber dessen Vater ließ sich nicht provozieren. „Die Mannschaft, die zuerst sieben Mal durch den Ring trifft, ist der Sieger. Seid Ihr einverstanden?"

„Natürlich, ich freue mich schon auf das Gold, die Jade und die Bohnen, Ajaw", erwiderte Wayak.

Spätestens jetzt fand Leon den Herrscher von Dzibilchaltún ausgesprochen unsympathisch.

Die Sonne stand bereits recht tief, als das Spektakel begann. Tausende drängten sich rund um die große Fläche. Zwischen ihnen schwirrten die Moskitos umher und nahmen die letzten Wetten an.

Die Tribüne für die Würdenträger war voll besetzt – unter anderem mit den beiden Königen. Und sogar Leon, Kim, Julian und Kija hatten sich dort hinsetzen dürfen, und zwar zu Anayansi. Welch eine Ehre!

Musikanten traten auf. Sie trommelten auf Schildkrötenpanzer, bliesen in Muscheltrompeten und auf Flöten aus Holz und Lehm. Dann folgten Priester, angeführt von Akbal, die Weihrauchbehälter schwenkten und den Platz sowie den schweren Ball segneten.

Die Zuschauer johlten, allerdings noch etwas verhalten.

Doch als die beiden Mannschaften nahten, brandete ohrenbetäubender Jubel und ein solches Geschrei auf, dass Kija hinter Kims Rücken Schutz suchte.

Die Sympathien lagen mehrheitlich bei Tecuns Mannschaft – es war ja auch ein Heimspiel.

Die Spieler standen sich in einem Abstand von etwa zehn Metern vor der Tribüne mit den Adligen gegenüber: große, muskelbepackte Männer, deren Körper teils mit Narben übersät waren. Sie erinnerten an Gladiatoren im alten Rom. Alle trugen Knie-, Ellbogen- und Hüftschoner.

Um Tecuns Hals hing zudem ein Amulett, das Anayansi ihm im Beisein der Freunde vor dem Spiel gegeben hatte. Außerdem hatte sie ihm eine geheimnisvolle Paste auf die Stirn gerieben und einen Trank eingeflößt.

Jeder Zoll von Tecuns Körper war angespannt. Er wirkte wie ein Sprinter kurz vor dem Startschuss – oder wie ein Stier, der den Torero erblickt.

Akbal brachte den Ball auf die Tribüne zu Ajaw und gesellte sich dann zu Anayansi und somit auch zu den Gefährten.

Der König der Itzá erhob sich – und jeglicher Lärm erstarb. Alle Blicke waren auf den Herrscher gerichtet, der den Ball mit weit ausgestreckten Armen vor sich hielt. Ajaw murmelte ein Gebet, dann ließ er den Ball aufs Spielfeld fallen. Er landete genau in der Mitte zwischen den beiden Mannschaften.

Jetzt gab es kein Halten mehr: Das Volk, gerade noch mucksmäuschenstill, begann zu toben und zu schreien.

Tecun schoss nach vorn und rammte Nahil, der bereits in Richtung Ball abgesprungen war, mit voller Wucht. Nahils mächtige Gestalt flog zur Seite. Die Fans der Itzá jubelten.

Ein Mitspieler von Tecun ergatterte das etwa drei Kilo schwere Spielgerät und kickte es mit dem Ellbogen zurück zum Königssohn. Der trieb den Ball mit der Schulter gegen die Steinmauer.

Mit großen Augen sah Leon, wie der Abpraller statt bei einem Mitspieler im Gesicht eines Gegners landete. Der Ball riss den Mann förmlich von den Füßen. Blut floss aus dessen Nase. Höhnisches Gelächter folgte.

Der Verletzte wischte sich einmal kurz über das lädierte Gesicht und stürzte sich wieder ins Getümmel, als sei nichts geschehen.

Das Spiel wogte hin und her, und in den ersten Minuten gelang es keinem der beiden Teams, den Ball durch den in etwa fünf Metern Höhe angebrachten Steinring zu bugsieren.

Leon staunte einerseits, mit welchem Geschick die Spieler den Ball einander zupassten oder den anderen abjagten, ohne Hände und Füße zu benutzen. Auf der anderen Seite war er angewidert angesichts der Brutalität. Denn den Spielern schien jedes Mittel recht zu sein: Es wurde getreten und geschlagen. Nahil verpasste Tecun einen heftigen Bodycheck, der diesen gegen die Mauer krachen ließ – und erneut floss Blut.

Anayansi schrie auf, als ihr Bruder benommen über das Spielfeld taumelte, während die Fans von Itzá Nahil für dieses brutale Foul ausbuhten und dessen Vater Wayak keckernd lachte.

Doch auch Tecun hatte sich sofort wieder im Griff – und nicht nur das: Eine Vorlage von ihm verwertete ein hochgewachsener Mitspieler zur Führung. Die Mehrheit der Zuschauer brach erneut in großen Jubel aus.

Nur wenige Minuten später gelang Nahil jedoch der Ausgleich. Er ließ sogar Treffer Nummer zwei und drei folgen – und schon hieß es drei zu eins für ihn und seine Leute.

„Oh nein“, stieß Anayansi hervor. „Alle Zeichen standen so gut ...“

„Warte ab“, versuchte Leon, sie zu trösten. Für ihn war es am wichtigsten, dass alle Spieler einigermaßen heil aus diesem Match herauskamen.

Tecuns Mannschaft stemmte sich mit allem, was sie zur Verfügung hatte, gegen die drohende Niederlage. Itzás Spieler kämpften und grätschten – und wurden belohnt: Nach einem herrlichen Zuspiel schraubte sich Tecun in die Höhe und bugsierte den Ball zum Anschlusstreffer durch den Ring. Kurz darauf gelang seiner Mannschaft der Ausgleich.

Nach einer halben Stunde stand es schließlich sechs zu sechs. Der nächste Treffer war entscheidend. Unter den Zuschauern brodelte es, die Spielstätte verwandelte sich in einen wahren Hexenkessel.

Alle Spieler auf beiden Seiten waren inzwischen schwer gezeichnet. Schweiß und Blut rannen in feinen Rinnsalen über ihre Körper, die übersät waren mit kleinen Platzwunden und Hautabschürfungen. Einer hatte ein blaues Auge, ein anderer humpelte. Doch niemand schonte sich, alle gaben alles. Jeder kämpfte weiter mit absoluter Verbissenheit und Rücksichtslosigkeit um den Sieg.

Und dann kam er, der eine magische Moment: Wieder erreichte Tecun ein genaues Zuspiel, wieder stand er gut platziert unter dem Ring und wieder schraubte er sich in die Höhe – mit letzter Kraft, wie es schien. Im Sprung erwischte er den schweren Ball mit der Schulter und von dort flog dieser in den Steinring. Doch er sauste nicht hindurch, was den Sieg bedeutet hätte, sondern prallte an den breiten oberen Teil des Rings, von da auf den unteren und ... schien dort liegen zu bleiben!

Die Stimmung im Publikum kochte hoch, die Leute schienen fast durchzudrehen. Alle auf der Tribüne waren aufgesprungen, alle schrien durcheinander.

Fall auf der anderen Seite runter!, flehte Leon den Ball an. Nun mach schon!

EIN HEFTIGER STREIT

Der Ball schien es sich regelrecht zu überlegen. Doch plötzlich rotierte er zu einer Seite, neigte sich wie in Zeitlupe nach vorn, als wollte er sich vor den Spielern verbeugen – und dann fiel er herunter!

Die Itzá um Tecun hatten das Spiel gewonnen, die Begeisterung bei ihren Anhängern kannte keine Grenzen.

Julian knuddelte Kim, Leon und Kija, während um sie herum gebrüllt, gesungen und getanzt wurde. Ausgelassene Stimmung herrschte – jedenfalls bei den meisten.

Julian bemerkte, dass der König der Dzibilchaltún erwartungsgemäß wenig erfreut war. Aber auch Kinich schien es nicht zu sein.

Merkwürdig, dachte Julian.

König Ajaw streckte beide Hände zum Himmel und brachte damit die Massen zum Schweigen. Dann verkündete er würdevoll: „Den Göttern gefiel es, uns den Sieg zu schenken. Das strahlende Volk der Itzá hat dieses Spiel gewonnen!“

Nun gab es wieder lauten Beifall. Verschiedene Namen wurden gerufen, vor allem der von Tecun.

Hohepriester Akbal zischte: „Und deshalb sollten die Verlierer geopfert werden, wie es früher Brauch war. Zumindest aber ihr Spielführer Nahil. Oben auf unserer Pyramide. Blut soll den Altar tränken. Dann erst wird Kukulcán zufrieden sein. Er erwartet eine Gegenleistung, einen Dank.“

Julian spürte, wie er eine Gänsehaut bekam.

„Nein“, widersprach Anayansi. „Diese Zeiten sind vorbei.“

„Woher wollt Ihr das so genau wissen, Tochter des himmelsgleichen Herrschers?“, fragte Akbal mit seiner hohen Stimme. „Heute wäre ein guter Tag, um zu den feinen alten Gebräuchen zurückzukehren. Denn wann haben wir schon solch ein wertvolles Opfer wie Nahil?“

Doch niemand schenkte dem Hohepriester weiter Aufmerksamkeit, auch weil Wayak sich in diesem Moment Gehör verschaffte. In dürren Worten gratulierte er dem Volk der Itzá.

Julian fragte sich, wie aufrichtig diese Gratulation war – und vor allem fragte er sich, ob es nun vorbei war mit den Attacken auf die Königskinder.

Anschließend gab es in den Höfen des Palastes ein großes Volksfest, zu dem auch die Verlierer eingeladen wurden, die missmutig daran teilnahmen.

Während der kleine Jaguar Kija zwischen Anayansi und Tecun sitzen durfte und ausgiebig gefüttert und gestreichelt wurde, mussten Julian, Leon und Kim die Königsfamilie, hochrangige Priester und Adlige der Itzá sowie Wayak und seinen Sohn Nahil bedienen.

Es gab gegrillten Fisch und gebratene Wachteln, Muscheln und Süßkartoffeln, Gemüse und natürlich Mais in allen möglichen Variationen. Der Pulque floss in Strömen.

Julian flitzte im Schein der Fackeln mit voll beladenen Platten zwischen der Küche und den Feiernden hin und her und war froh, als er einmal kurz durchschnaufen konnte. Er wartete hinter den Gästen aus Dzibilchaltún auf den nächsten Auftrag und schaute zum wunderschönen Sternenhimmel über Chichén Itzá hinauf. Julian war so erleichtert, dass die Itzá das Spiel gewonnen hatten und niemand ernsthaft zu Schaden gekommen war.

„... niemals, das war ganz eindeutig ...", vernahm er da die gedämpfte Stimme von Wayak. Er flüsterte mit seinem Sohn Nahil.

Was war eindeutig?, überlegte Julian. Schade, dass der König der Dzibilchaltún so leise sprach. Julian trat im Rücken des Herrschers etwas näher heran und konnte nun besser verstehen, was die beiden sagten.

„Diese ehrlosen Wichte haben betrogen. Sie waren unfair", fuhr Wayak fort.

„Und das können wir nicht durchgehen lassen", zischte Nahil. „Dafür müssen die bezahlen, aber nicht nur mit Bohnen und Gold, sondern mit Blut."

Wayak legte ihm eine Hand auf den muskulösen Unterarm. „Vorsicht, die Itzá sind uns überlegen – jedenfalls derzeit. Eine unbedachte Aktion könnte unseren Untergang bedeuten. Übe dich in Geduld, mein Sohn."

Hm, dachte Julian, so ganz scheint die Sache noch nicht ausgestanden zu sein.

„Was stehst du da rum, Kleiner? Hol Honig!", rief ein Adliger und Julian sauste wieder zur Küche. Auf dem Weg dorthin traf er Kim und Leon und informierte sie rasch.

„Die sind nur sauer, weil sie das Spiel verloren haben", meinte Kim.

Leon nickte. „Das glaube ich auch."

„Hoffentlich habt ihr recht", sagte Julian.

Gegen Mitternacht hatten sich alle vom Essen erhoben und vertraten sich noch ein wenig die Beine. Gastgeber und Gäste lauschten den Musikantengruppen oder schauten den Jongleuren, Akrobaten und Zauberern zu, die in den Höfen des Palastes anmutig ihr Können zeigten.

Julian hatte nun die Aufgabe, Pulque und Kakao zu reichen.

Wayak und Nahil verhielten sich unauffällig, fand Julian, als er die beiden bediente.

Das galt jedoch nicht für Kinich, den Bruder des Königs. Der war in ein Gespräch mit einem anderen Adligen der Itzá vertieft. Sie redeten hitzig aufeinander ein und Julian hatte den Eindruck, dass die beiden miteinander stritten – und so wagte er eine zweite heimliche Lauschattacke. Er tat so, als hielte er nach neuen Bestellungen Ausschau, blickte mal nach rechts, mal nach links – und hatte die Ohren gespitzt.

Und was Julian jetzt hörte, verschlug ihm den Atem. Julian erfuhr, dass Kinich einmal mehr sehr viel Jade und Gold bei seiner Wette verloren hatte.

„Wie konnte ich denn ahnen, dass ein Riese wie Nahil so ein Spiel verlieren würde", zeterte Kinich.

Wie bitte?, fragte sich Julian. Hatte Kinich etwa auf Nahils Mannschaft gesetzt und somit gegen Itzá? Jetzt

wurde ihm auch klar, warum Kinich unmittelbar nach dem Ende des Spiels so unglücklich gewirkt hatte.

„Es interessiert mich nicht, was Ihr ahnt oder nicht“, sagte der andere kühl, ein hagerer Mann mit hochmütigem Blick. „Mich interessiert nur, wann Ihr Eure Schulden zurückzahlt.“

Julian staunte erneut. Offenbar waren auch Adlige am Wettgeschäft beteiligt. Womöglich arbeiteten einige der Moskitos sogar im Auftrag dieses hageren Adligen.

„So versteht doch, ich habe gerade nicht genug zur Verfügung“, jammerte Kinich.

„Ja, alles was Ihr mehr als genug habt, sind Schulden, Kinich“, zischte der andere wütend. „Aber ich werde es nicht vergessen. Ihr zahlt es mir zurück ... Oh, wen haben wir denn da?“ Sein Blick war auf Julian gefallen wie das Licht eines Leuchtfeuers.

„Ich bin nur ein kleiner Diener“, beteuerte Julian schnell. „Wollt Ihr noch etwas zu trinken?“

Mit neuen Aufträgen stahl er sich davon. Nachdem Julian die Becher mit Pulque abgeliefert hatte, informierte er erneut Leon und Kim.

„Puh, das ist ja ein Ding. Wir sollten Anayansi Bescheid geben", meinte Kim.

Sie flitzten zur Tochter des Königs.

Anayansi war empört, als sie die Neuigkeiten hörte. „Kinich hat gegen uns gewettet? Wie erbärmlich ..."

Sie rief ihre Eltern und Tecun heran und König Ajaw befahl sofort, dass Kinich zu ihnen gebracht werde. In einem ruhigen Winkel des Hofes stellten sie ihn im Beisein der Gefährten zur Rede. Vor allem Tecun war wütend. Mehrfach bezeichnete er Kinich als Verräter.

Kinich wand sich, er suchte nach Erklärungen und Ausflüchten. Doch seine Familie wollte das alles nicht hören. Blanke Verachtung schlug dem Bruder des Königs entgegen.

Schließlich stürmte ein offenbar zutiefst gedemütigter und regelrecht verzweifelt wirkender Kinich aus dem Palast in die Nacht.

König Ajaw, seine Frau Muyal und Tecun kümmerten sich wieder um ihre Gäste.

Anayansi blieb jedoch bei den Freunden. Sie seufzte. „Was für ein trauriges Ende eines eigentlich so schönen Tages. Hoffentlich tut Kinich jetzt nichts Unbedachtes ... Ich werde ihm folgen."

„Wir kommen mit", schlug Julian spontan vor.

Und so liefen sie zum Eingang des Palastes und sahen, wie sich eine Gestalt in Richtung der heiligen Cenote wandte.

„Das muss Kinich sein", ahnte Anayansi und eilte ihm zusammen mit den Freunden hinterher.

Links von ihnen ragte die Pyramide in den nachtschwarzen Himmel, wenig später folgte der unheimliche Tzompantli mit seinen Steinschädeln.

Und genau hier kam Julian, der das Schlusslicht bildete, ein ganz neuer Verdacht. Und dieser Verdacht sorgte dafür, dass sein ohnehin schneller Puls förmlich zu galoppieren begann.

Steckte etwa Kinich hinter dem Anschlag auf Tecun? Hatte er jemanden beauftragt, den Pfeil vom Tzompantli aus auf Tecun zu schießen? Wollte der hoch verschuldete Bruder des Königs so den besten Ulama-Spieler der Itzá ausschalten, um seine Wette zu gewinnen und an Gold und Jade zu kommen?

DER STURZ

Julian schloss zu den anderen auf und berichtete ihnen von seinem Verdacht.

„Das kann ich mir nicht vorstellen“, keuchte Anayansi beim Rennen. „Aber ausschließen will ich es auch nicht. Seht, Kinich hat die Cenote erreicht. Was will er dort?“

Sie hielt an und die Gefährten trudelten neben ihr aus.

„Die Cenote“, murmelte Anayansi. „Das Tor zur Unterwelt. Kinich will sich doch nicht etwa ... ist er so verzweifelt?“

Der Bruder des Königs hatte den Rand des senkrecht abfallenden Wasserlochs erreicht. Er war etwa zwanzig Meter von den Freunden entfernt.

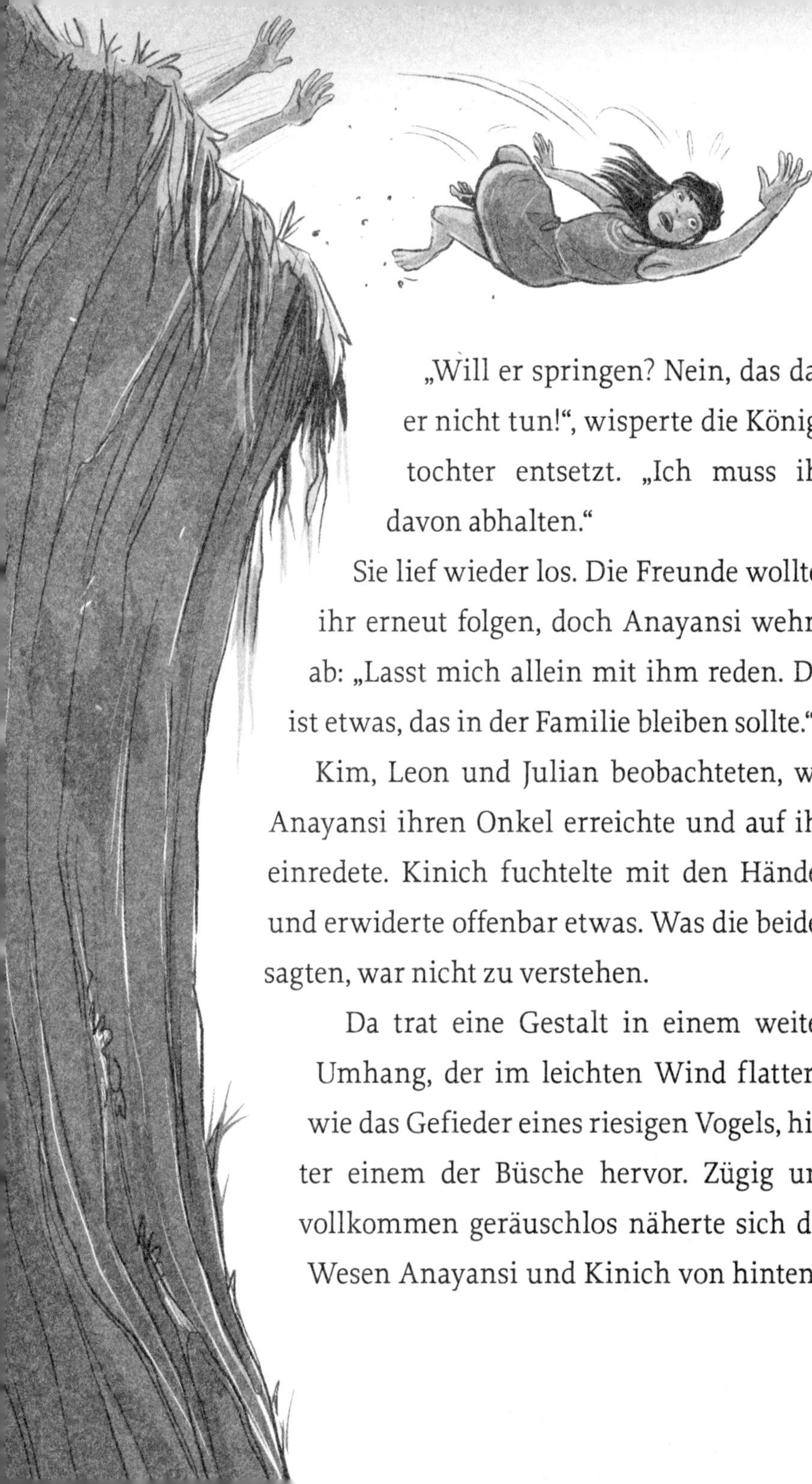

„Will er springen? Nein, das darf er nicht tun!“, wisperte die Königstochter entsetzt. „Ich muss ihn davon abhalten.“

Sie lief wieder los. Die Freunde wollten ihr erneut folgen, doch Anayansi wehrte ab: „Lasst mich allein mit ihm reden. Das ist etwas, das in der Familie bleiben sollte.“

Kim, Leon und Julian beobachteten, wie Anayansi ihren Onkel erreichte und auf ihn einredete. Kinich fuchtelte mit den Händen und erwiderte offenbar etwas. Was die beiden sagten, war nicht zu verstehen.

Da trat eine Gestalt in einem weiten Umhang, der im leichten Wind flatterte wie das Gefieder eines riesigen Vogels, hinter einem der Büsche hervor. Zügig und vollkommen geräuschlos näherte sich das Wesen Anayansi und Kinich von hinten –

und ehe die Gefährten eine Warnung rufen konnten, schubste die Gestalt Kinich beiseite. Dann bekam Anayansi einen heftigen Stoß. Sie taumelte und versuchte, mit den Armen rudernd das Gleichgewicht zu halten. Ohne Erfolg: Die Königstochter kippte nach vorn in die Tiefe und dort, wo gerade noch ihre zierliche Silhouette zu sehen gewesen war ... war jetzt nichts mehr.

Der Attentäter in dem Vogelgewand wandte sich rasch um und verschwand in der Dunkelheit.

Kim war die Erste, in die Bewegung kam. Sie stürmte zum Kraterrand, während hinter ihrer Stirn die Gedanken wirbelten. Konnte man einen Sturz aus dieser Höhe überleben? Wer war der Täter gewesen? Wayak oder sein Sohn Nahil? Die hatten Rache geschworen ... Es schien Kim jetzt unwahrscheinlich, dass Kinich noch etwas mit den Anschlägen auf Anayansi und Tecun zu tun hatte, aber wer konnte das schon mit Gewissheit sagen?

Sie erreichte den Kraterrand, dicht gefolgt von Leon und Julian, wo ein schockierter Kinich stand. Sein Gesicht war zu einer Grimasse verzerrt, aus seinen Augen schrie Panik. Zitternd deutete er hinunter zu der im Mondlicht silbern glänzenden Oberfläche der Cenote.

Und dort unten, weit unten, trieb Anayansi im Wasser und rief um Hilfe.

„Sie kann nicht schwimmen“, stammelte Kinich. „Und ich auch nicht. Ich ... ich kann nichts tun.“

Kim spähte in die Tiefe. Es ging wirklich sehr, sehr weit runter. Einen Sprung aus dieser Höhe durfte Kim nicht riskieren, zumal sie nicht wusste, wie tief das Wasser der Cenote war.

„Halte durch, wir werden dir helfen!“, rief sie Anayansi zu. Dann wandte sie sich an Kinich: „Gibt es hier eine Leiter oder so was? Denkt nach, los!“

Und Leon ergänzte: „Habt Ihr gesehen, wer Anayansi runtergestoßen hat?“

„Nein, es ging viel zu schnell.“ Dann hellte sich Kinichs Miene etwas auf. „Auf der anderen Seite gibt es eine Strickleiter. Die Priester benutzen sie, um heiliges Wasser für Zeremonien nach oben zu holen.“

„Leon, du kommst mit“, schlug Kim vor. „Und du, Julian, verfolgst den Täter. Nimm Kija mit. Vielleicht könnt ihr dafür sorgen, dass der Kerl geschnappt wird. Okay?“

Julian nickte nur und rannte mit der klugen Katze in die Richtung, die der Attentäter gewählt hatte.

Kim und Leon ließen Kinich wortlos stehen und stürmten zur gegenüberliegenden Seite der Cenote.

Wo war die Leiter?

Kims Blicke schossen zu jedem Busch, zu jedem Baum.

Unterdessen waren aus der Cenote weiterhin Anayansis verzweifelte Rufe zu hören. Doch sie wurden leiser, immer leiser. Wie lange würde sich die Königstochter noch über Wasser halten können?

Da! Die Strickleiter war mit einem Ende um den breiten Stamm eines Baumes geknotet, der direkt am Kraterrand wuchs. Kim packte das andere Ende und ließ es in die Tiefe hinabfallen. Es platschte.

„Anayansi, kannst du die Leiter erreichen?", rief Kim.

Keine Antwort.

„Anayansi?"

Stille.

Oh nein! Kim und Leon wechselten entsetzte Blicke. War die Königstochter etwa untergegangen, war sie ...

Nein, nein, nein!

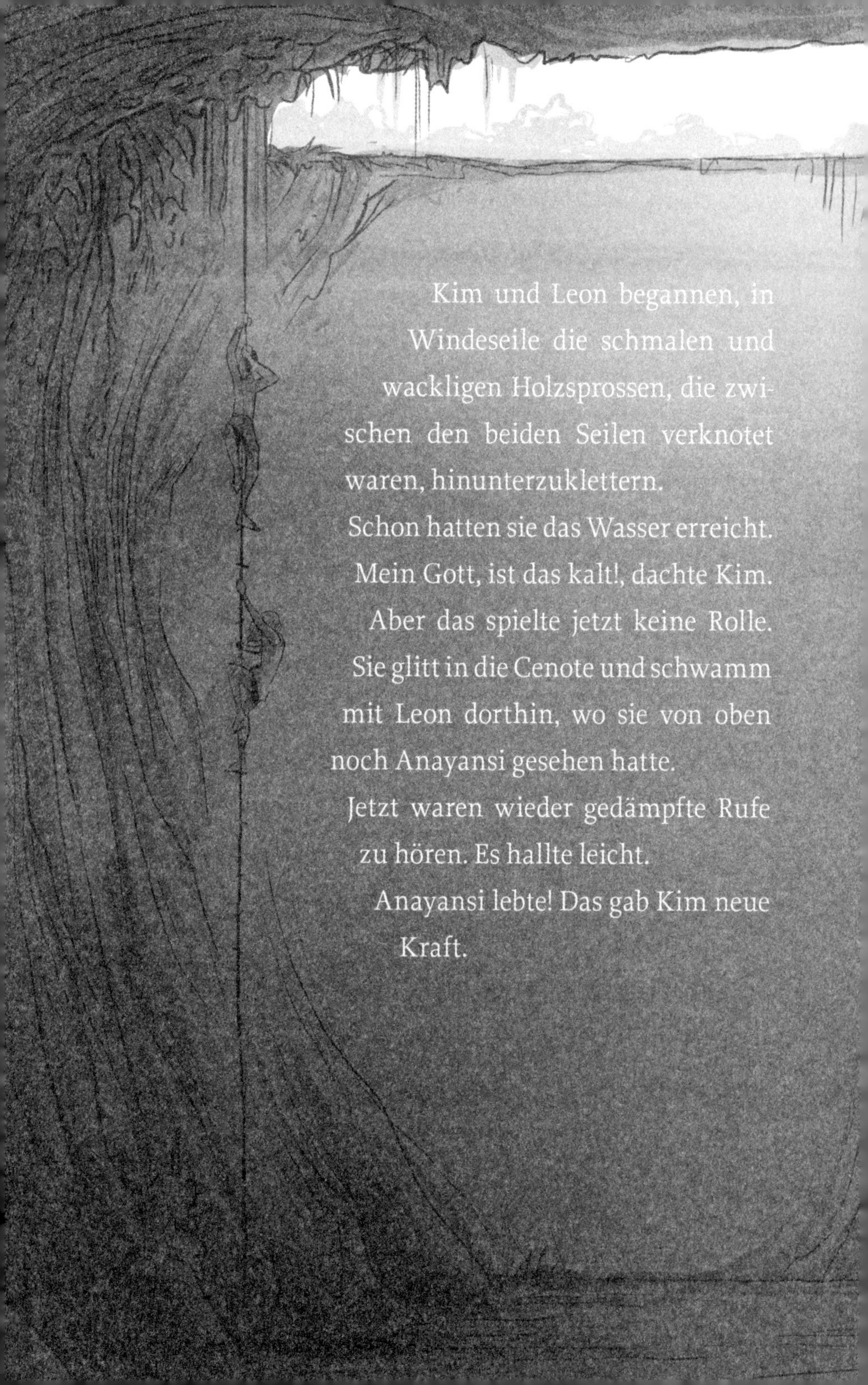

Kim und Leon begannen, in Windeseile die schmalen und wackligen Holzsprossen, die zwischen den beiden Seilen verknotet waren, hinunterzuklettern.

Schon hatten sie das Wasser erreicht. Mein Gott, ist das kalt!, dachte Kim. Aber das spielte jetzt keine Rolle. Sie glitt in die Cenote und schwamm mit Leon dorthin, wo sie von oben noch Anayansi gesehen hatte.

Jetzt waren wieder gedämpfte Rufe zu hören. Es hallte leicht.

Anayansi lebte! Das gab Kim neue Kraft.

Doch von wo waren die Rufe gekommen? Kim schaute sich beim Schwimmen um und erblickte links in der steil aufragenden Kraterwand eine breite und flache Öffnung unmittelbar über der Wasseroberfläche, die sie an das riesige, gezackte Maul eines Monsters erinnerte. Lag dahinter eine Höhle? Ein Stollen? Parallel spürte Kim eine Strömung, die sie dorthin zog.

War Anayansi in den Stollen, oder was immer das war, abgetrieben worden? So musste es sein ...

Kims Atem flog. Dann kraulten sie und Leon zu dem schwarzen Maul in der Wand. Die Freunde verschwanden darin, sie wurden förmlich verschluckt, als hätte es sie nie gegeben.

NÄCHTLICHE VERFOLGUNG

Julian gab alles. Seine Füße trommelten über den Boden.

Kija sprang neben ihm her.

Verschiedene Gefühle rangen in Julian um die Vorherrschaft: Er hatte große Angst um Anayansi. Er hoffte so sehr, dass sie den Sturz gut überstanden hatte und dass Kim und Leon ihr helfen konnten. Gleichzeitig war er voller Wut auf den feigen Kerl, der sie in den Abgrund gestoßen hatte, den Mann in dem seltsamen Mantel, den er zu finden hoffte – und von dem nichts zu sehen war. Jedenfalls im Moment.

Glücklicherweise führte nur *ein* Weg von der Cenote in die Richtung, die der Täter eingeschlagen hatte – und daher gab Julian nicht auf.

Er durchquerte mit Kija eine kleine Baumgruppe, erreichte eine Lichtung und ... da war der Kerl!

Die Gestalt in dem gefiederten Mantel war in einen leichten Trab verfallen und machte gerade Anstalten, sich umzudrehen. Um nicht entdeckt zu werden, ließ sich Julian einfach ins kniehohe Gras neben dem Weg plumpsen.

Er zählte stumm bis zehn und wagte dann, den Kopf zu heben. Über die Halme hinweg erspähte er den Mann, der den Blick nun wieder nach vorn gerichtet hatte und zügig weiterging.

Wayak, dachte Julian. Nahil konnte es nicht sein, dafür war der Mann zu klein. Nein, es war vermutlich Wayak, der sich als Gott Kukulcán verkleidet hatte, um an der Königsfamilie Rache zu nehmen. Die gefiederte Schlange.

Wo wollte der Mann hin? Wayak und seine Leute waren im Gästehaus des Palastes untergebracht. Doch das lag in der anderen Richtung ...

Hm, vielleicht hat Wayak damit gerechnet, dass es Zeugen gibt, überlegte Julian, und er legt deshalb eine falsche Spur.

Julian rappelte sich auf und lief gebückt weiter. Zu dumm, dass es hier keine Deckung gab. Wenn sich der Täter umdrehte, würde er Julian bestimmt sofort bemerken. Und dann wäre Julian der Gejagte statt der Jäger.

Nach etwa zweihundert Metern erreichten sie den Stadtrand und damit den Dschungel. Hier verließ der Täter den Weg und verschwand zwischen den hohen Stämmen.

Julian zögerte. Sollte er dem Maskierten in den düsteren Wald folgen – mit all den Raubtieren, die dort nachts auf der Jagd waren? Oder umkehren und Hilfe holen? Aber dann wäre der Kerl vielleicht über alle Berge – und es war doch Julians Aufgabe, den Mann zu finden und ihn zu enttarnen. Julian wollte nicht scheitern, wollte seine Freunde und auch sich selbst nicht enttäuschen ...

Als Kija schließlich mit einem leisen Maunzer in den Dschungel flitzte, wurde ihm die Entscheidung abgenommen und er gab sich einen Ruck.

Angestrengt schaute Julian auf den Boden und suchte nach einem Pfad, den der Täter genommen haben mochte. Doch er sah nichts dergleichen und war froh, dass Kija mit ihren fantastischen Katzenaugen die Führung übernahm.

Julian lief ihr hinterher und versuchte, möglichst leise zu sein. Doch er stolperte über Wurzeln und stieß nicht nur einmal gegen einen tief hängenden Ast. Dann legte sich etwas leicht Klebriges über sein Gesicht und Julian wischte es angeekelt weg. Spinnweben – aber zum Glück ohne Bewohner ... Doch als es in Julians Nacken krabbelte, war er sich da nicht mehr so sicher.

Überall raschelte und rumorte es im Dickicht und Julian malte sich lieber nicht aus, was da alles herumschlich und auf der Lauer lag.

Er blickte nach unten und meinte im spärlichen Mondlicht, das geisterhaft durch das Blätterdach schimmerte, eine Art Trampelpfad auszumachen. Dann richtete Julian den Blick wieder nach vorn und sah eine Gestalt, die ein Stück vor ihm durch den Dschungel hastete. Das musste der Täter sein! Julian beschleunigte etwas und trat dabei auf einen trockenen Ast. Das Geräusch, das unmittelbar folgte, klang in Julians Ohren fast so laut wie ein Pistolenschuss. Der Mann blieb prompt stehen und wandte sich um.

Julian schaffte es nicht mehr, rechtzeitig hinter einem Baum oder Busch abzutauchen. Der Täter in dem gefiederten Umhang setzte sich wieder in Bewegung – doch er floh nicht. Im Gegenteil: Er kam auf Julian zu, während er unter dem Mantel etwas hervorzog. Etwas mit einer langen Klinge, wie Julian voller Panik erahnte. Sein Mund wurde trocken, sein Magen krampfte sich zusammen. Julian wandte sich zur Flucht und stürmte mit Kija an seiner Seite los. Doch er kam nicht weit. Sein rechter Fuß fädelte irgendwo ein und Julian stürzte. Dabei knallte er mit dem Knie auf eine harte Wurzel und der Schmerz schoss durch seine Adern wie Säure.

Ächzend richtete sich Julian auf. Weiter, weiter, weiter! Er humpelte los und warf dabei einen hektischen Blick über die Schulter. Der Mann kam näher und näher und würde ihn bestimmt gleich eingeholt haben. Julian hätte heulen können vor Schmerz, Angst, Panik und auch vor Wut auf sich selbst, weil er dieses Risiko eingegangen war.

Doch da folgte die Rettung. Diese kam auf vier Pfoten und hatte eine gewisse Ähnlichkeit mit einem kleinen Jaguar ... Kija schoss fauchend auf den Angreifer zu und Julian sah, wie der Kerl mit dem langen Umhang innehielt. Dann erklang ein Schmerzensschrei. Hatte Kija den Attentäter angesprungen und gebissen?

Jetzt wich der Mann zurück und Julian nutzte die Chance: Er krabbelte vom Trampelpfad ins Unterholz und machte sich dort ganz klein. Winzig klein.

Es folgten weitere Schreie.

Hoffentlich bleibt Kija unversehrt!, dachte Julian voller Angst um das schöne, kluge Tier.

Plötzlich erstarb der Kampfeslärm. Julian lauschte mit hämmerndem Herzschlag und war so erleichtert, so unendlich erleichtert, als Kija zu ihm kam. Ihr Körper bebte, aber sie schien unverletzt.

Eilige Schritte entfernten sich. Nach ein oder zwei Minuten traute sich Julian mit der Katze aus seinem Versteck. Einsam und verlassen lag der Trampelpfad vor ihnen.

Julian war froh, dass er dem Kerl entkommen war – aber auch bedrückt, weil er dessen Spur verloren hatte.

Wie es wohl Leon, Kim und vor allem Anayansi inzwischen ging?

Er wollte sich auf den Rückweg machen, als Kija sich auf die Hinterpfoten setzte, energisch maunzte und schließlich die genau entgegengesetzte Richtung einschlug.

Sie will mir etwas zeigen, ahnte Julian und folgte der Katze. Nach wenigen Metern sah er etwas auf dem Boden liegen und bückte sich. Es war eine Feder ... Vielleicht stammte diese von irgendeinem Quetzalvogel – vielleicht aber auch von dem Attentäter.

Ja, ganz bestimmt sogar, dachte Julian, und spätestens jetzt wusste er, dass Kija ihn zu dem Mann führen wollte. Es wäre nicht das erste Mal, dass dem klugen Tier mit dem siebten Sinn so etwas gelang.

Der Trampelpfad führte ein Stück geradeaus, machte dann einen Bogen – und plötzlich stand Julian wieder vor den ersten Häusern von Chichén Itzá.

Kija flitzte auf eines der Gebäude zu. Es war größer als die anderen und aus Stein errichtet. Licht fiel durch eine Öffnung in einer der Mauern.

Wohnt dort der Täter?, fragte sich Julian. Aber dies waren doch nicht die Unterkünfte für die Gäste ...

Sein Blick wanderte unschlüssig hin und her. Dabei entdeckte Julian eine weitere Feder auf dem Boden.

Dann humpelte er zu Kija, die das Steinhaus bereits erreicht hatte. Julian pirschte sich an die fensterähnliche Öffnung heran, drückte sich daneben flach an die Wand und schob sich ein wenig nach vorn, um vorsichtig ins Innere zu spähen.

Sein Mund klappte auf. Da war ja niemand anderes als ...

In dieser Sekunde schoss eine kräftige Hand durch die Öffnung und packte ihn. Eine zweite Hand folgte, dann wurde Julian in das Haus gezerrt. Alles ging so schnell, dass Julian noch nicht einmal die Zeit hatte, zu schreien.

BRENNENDE EIFERSUCHT

Das breite Loch in der Wand der Cenote entpuppte sich als ein unterirdischer Zufluss. Hier war es dunkel und kalt, aber immerhin spürten Leon und Kim nach wenigen Metern wieder festen Boden unter den Füßen, sobald sie sich auf die Zehenspitzen stellten. Aber galt das auch für die zierliche Königstochter?

„Anayansi?" Leons Stimme hallte von den Wänden wider. Verzweiflung lag darin.

Sie lauschten. Wasser tropfte von der Decke, irgendwo plätscherte es. Und dann, ganz schwach: „Hier, helft mir ..."

Leon kraulte vorwärts und hatte plötzlich Stoff zwischen seinen Händen. Dann einen Körper, der bibberte wie ein Zitteraal.

Anayansi!

„Wir haben dich, alles wird gut“, sagte Leon beruhigend. Sein Herz pochte ganz wild vor Erleichterung. Die Königstochter lebte!

„Danke“, sagte sie schwach. Und noch einmal: „Danke.“

Leon und Kim zogen Anayansi zurück in die Cenote und dann zur Strickleiter.

Anayansi hatte gerade noch die Kraft, sich daran hinaufzuziehen. Als die drei oben angekommen waren, meinte Leon leise zu Kim: „Ein Glück, dass es hier auch nachts nie kalt ist. Trotzdem würde ich was für trockene Klamotten geben.“

Da hörten sie Stimmen, die rasch lauter wurden. Mehrere Leute rannten heran.

Es waren König Ajaw, seine Frau Muyal, Tecun, jede Menge Wachen sowie Kinich, der offenbar Alarm geschlagen hatte, nachdem Leon und Kim in die Cenote gestiegen waren.

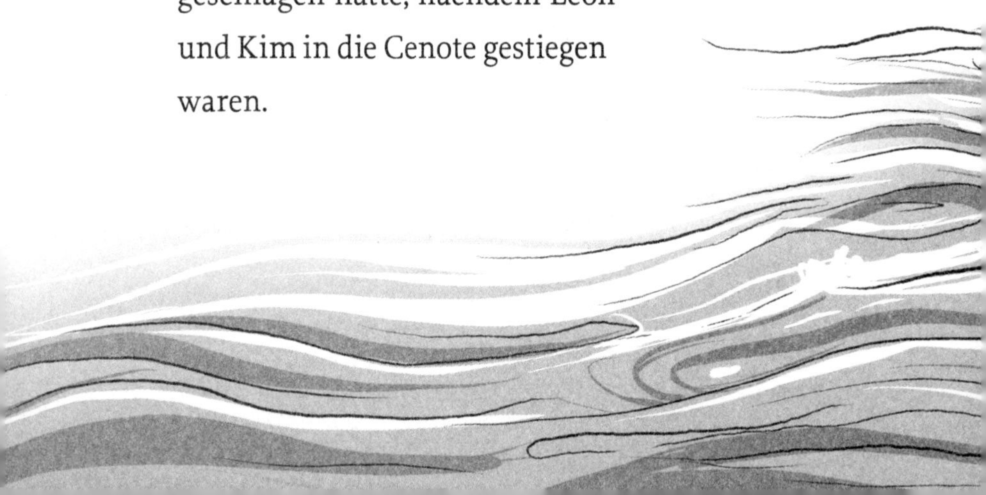

Decken wurden um Anayansi, Leon und Kim geschlungen. Die Königstochter wurde von ihren Eltern und Tecun immer wieder in die Arme genommen. Alle waren unendlich erleichtert, dass Anayansi das feige Attentat so gut überstanden hatte.

„Das habe ich nur diesen beiden zu verdanken“, seufzte sie und deutete auf Leon und Kim. „Sie haben mich gerettet.“

„Ihr seid wirklich großartig“, lobte der König strahlend und bedankte sich ebenfalls bei den Gefährten.

Aber dann wurde er wieder sehr ernst. Er wandte sich an seinen Bruder Kinich, der etwas abseits stand. „Warum bist du überhaupt hierhergekommen, was hattest du hier Mitten in der Nacht verloren?“

Kinich senkte den Blick. „Ich war sehr verzweifelt wegen meiner Schulden und der Verachtung, die mir entgegenschlug. Ich wollte an einen ruhigen Ort, um mich zu besinnen und zu überlegen, wie es weitergehen soll. Ich hatte zudem auf göttlichen Zuspruch gehofft. Und die heilige Cenote ist der richtige Platz dafür, oder etwa nicht?“

„Natürlich“, bestätigte Anayansi. „Aber ich hatte tatsächlich befürchtet, dass du dir vielleicht etwas antun könntest.“

„Nein, das nicht, keine Sorge“, murmelte Kinich immer noch schuldbewusst.

„Und du kannst uns wirklich nicht sagen, wer der Kerl war, der Anayansi in die Tiefe gestoßen hat?“, fasste Tecun nach.

Kinich schüttelte den Kopf. „Tut mir leid."

„Und du, Anayansi?"

Doch auch die Königstochter hatte keine Ahnung. „Der Angriff kam von hinten", sagte sie und erschauderte sichtlich bei der Erinnerung.

Da warf Leon ein, dass Julian und Kija versucht hätten, den Täter zu verfolgen. „Womöglich haben die beiden etwas in Erfahrung gebracht. Hoffentlich ist ihnen nichts zugestoßen ..."

Kim meinte: „Immerhin wissen wir, in welche Richtung der Attentäter geflohen ist."

„Sehr gut. Dann lasst uns ebenfalls diese Richtung einschlagen. Vielleicht finden wir den Kerl oder zumindest euren Freund, der uns einen Hinweis auf ihn geben kann", sagte der König und sie brachen umgehend auf.

Im Licht von zahlreichen Fackeln suchten sie das Gebiet ab, das westlich der heiligen Cenote lag, und riefen immer wieder Julians und Kijas Namen.

Schließlich stürmte ein Wesen auf vier Pfoten auf den Suchtrupp zu.

„Der kleine Jaguar!", rief Anayansi.

„Genau, das ist unsere Kija", sagte Kim aufgeregt. „Aber wo ist Julian?"

Leon sog die Luft tief ein. Angst legte sich wie ein großes, dunkles Tuch über ihn und plötzlich fröstelte er. „Hoffentlich ist ihm nichts zugestoßen!"

Er beugte sich zu dem klugen Tier hinunter. „Wo ist Julian?", murmelte Leon so leise, dass niemand außer Kim ihn hören konnte. „Hast du eine Idee, Kija?"

Und wie sie die hatte! Die Katze stürmte wieder los und alle hatten Mühe, ihr zu folgen.

Kija führte die Gruppe zu den ersten Häusern am Rand des Dschungels und sauste zu einem ganz bestimmten Gebäude aus Stein. Vor der Tür blieb sie sitzen, wandte ihr Köpfchen und schaute ungeduldig zu Leon und Kim.

Die Gefährten tauschten einen Blick. „Ob Julian da drinnen ist?", überlegte Leon. „Ob er ..."

„Das ist doch das Haus von Akbal!", stieß Tecun hervor. „Was hat denn der Hohepriester mit der ganzen Sache zu tun?"

Das fragten sich Leon und Kim auch. War der Priester etwa der Täter? Auf den wären sie nie gekommen ...

„Am besten soll Akbal das selbst beantworten", entschied der König.

Ohne anzuklopfen betraten er und sein Gefolge das Gebäude.

„Was verschafft mir die Ehre?", fragte der Hohepriester im Schein der Fackeln, als hätte er sie erwartet. Er hatte die Arme vor der Brust verschränkt, wirkte ruhig und gefasst.

Leon spähte am König vorbei. Kein Julian. Aber hinter diesem großen Raum lagen noch mindestens zwei weitere, erkannte er.

„Es gab ein Attentat auf meine Tochter", grollte der König.

„Bei allen Göttern, das ist ja furchtbar!" Akbal schlug die Hände vors Gesicht. „Aber zum Glück scheint Anayansi unversehrt zu sein!"

„Ja, und der kleine Jaguar hat uns bei der Suche nach dem Täter hierhergeführt ...", sagte nun Tecun. „Seltsam, nicht wahr?"

Der Hohepriester nickte langsam. „In der Tat. Sehr seltsam."

„Warum hast du das Fest verlassen?“, fragte jetzt Anayansi.

„Ich habe mich nicht wohlgefühlt“, antwortete Akbal. Seine hohe Stimme wurde eine Spur schriller. „Aber mit Verlaub, werte Tochter des himmelsgleichen Herrschers der Itzá, muss ich mich dafür rechtfertigen?“

Plötzlich gab Kija der Unterhaltung eine ganz neue Wendung, indem sie an dem überraschten Hohepriester vorbeihuschte und in einen der beiden hinteren Räume glitt.

„Raus da! Das darf sie nicht", protestierte Akbal. „Niemand außer mir hat dort etwas verloren."

Keiner beachtete ihn, alle liefen in das Zimmer, in dem die Katze gerade verschwunden war.

Leons Augen wurden groß. Dort saß Julian gefesselt und geknebelt auf dem Boden! Und in einer Ecke des Raumes lag ein Umhang aus den Federn des Quetzalvogels ...

Leons Wut schwoll an wie eine Flut bei Hochwasser. Er wirbelte herum, um den hinterhältigen Hohepriester anzubrüllen – und bemerkte dabei, dass sich Akbal gerade zur Flucht wandte.

„Haltet ihn", rief Leon. Sofort stürzten sich zwei Wachen auf den Priester und schleiften ihn vor den König.

Unterdessen befreiten Leon und Kim ihren Freund von den Fesseln und dem Knebel. Kija maunzte und rieb sich an Julians Beinen.

„Danke", ächzte Julian und kam mühsam hoch. Man gab ihm etwas zu trinken. Dann galt wieder alle Aufmerksamkeit dem Hohepriester.

„Auf die Knie, Elender!", blaffte König Ajaw ihn an und Akbal gehorchte.

„Rede“, verlangte Anayansi. In ihrer Stimme lag eine ungewohnte Schärfe.

Für einen Moment herrschte absolute Stille im Raum. Alle Blicke waren auf die zusammengesunkene Gestalt vor dem König gerichtet. Akbal schwieg.

„Du steckst hinter allem, nicht wahr?“, fragte Anayansi leise. „Aber warum hast du das getan?“

Der Hohepriester sah zu ihr hoch. Seine Augen funkelten. „Ich habe mir immer alles hart erarbeiten müssen, niemand hat mich unterstützt. Ich hatte keinen König als Vater und keine großartigen Lehrmeister. Aber ich habe es geschafft, ich wurde Hohepriester.“ Er seufzte. „Doch da kamt Ihr, Anayansi. Ihr seid der Liebling der Götter, Euch fiel immer alles einfach so zu. Ihr verfügt über Gaben und Wissen, welche ich niemals besitzen werde. Und Ihr schickt Euch an, mir mein Amt streitig zu machen. Spätestens jetzt, da ihr dieses Zauberbuch fertig geschrieben habt.“

„Unsinn!“, fiel die Königstochter ihm ins Wort.

„Nein, kein Unsinn“, beharrte Akbal. „Ich wäre schon sehr bald in der Bedeutungslosigkeit verschwunden und wieder zu dem Niemand geworden, als der ich geboren wurde.“

„Du bist eifersüchtig auf mich?“ Anayansi schien es nicht fassen zu können. „Du hast mich deshalb in die Cenote gestoßen? Um mich loszuwerden?“

Akbal nickte.

„Und dann warst du es auch, der versuchte, mich an der Pyramide zu berauben?“

„Ja“, gestand Akbal. „Ich wollte Euer Zauberbuch haben. Ich verkleidete mich als Kukulcán. Zum einen, um nicht erkannt zu werden, und zum anderen, um meine Tat als von den Göttern gewollt darzustellen und Euch einzuschüchtern.“

Angewidert schüttelte Leon den Kopf. „Die unheimliche Botschaft, die im Palast gefunden wurde, stammt demnach auch aus Eurer Feder“, mutmaßte er.

„So ist es.“

Kim fiel das Attentat unmittelbar vor dem Ulama-Spiel ein. „Aber warum der Anschlag auf Tecun? Was hat *er* damit zu tun?“

„Nichts. Zwar ist es richtig, dass ich jemanden damit beauftragte“, bestätigte der Hohepriester. „Aber ...“

„Wer war dieser Kerl?“, unterbrach König Ajaw.

Akbal nannte ihm den Namen und der König schickte sofort die Wachen los, um den Attentäter zu verhaften.

Da fuhr Akbal fort: „Aber ... der Pfeil galt gar nicht Tecun ...“

„Sondern etwa mir?“, hauchte Anayansi entsetzt.

Der Priester nickte.

Wieder kehrte Stille ein. Alle, mit Ausnahme von Akbal, wirkten fassungslos und schockiert.

König Ajaw hatte sich als Erster gefasst. „Schafft ihn fort“, befahl er den Wachen. „Ab ins Gefängnis mit ihm. Ich werde morgen entscheiden, was mit ihm geschehen soll.“ Die Männer zogen den Hohepriester auf die Füße und zerrten ihn aus dem Haus.

König Ajaw wandte sich an seine Tochter. „Nun ist hoffentlich alles vorbei, du brauchst keine Angst mehr zu haben. Und Tecun auch nicht.“

Da kamen Julian die Drohungen von Wayak und Nahil wieder in den Sinn. War die Sache wirklich ausgestanden ...?

Der König legte eine kleine Kunstpause ein, bevor er mit einem Lächeln fortfuhr: „Und nun wird ...

weitergefeiert! Dank der Götter, dieser drei Kinder und dem kleinen Jaguar hat schließlich alles ein gutes Ende genommen." An die Gefährten gewandt ergänzte er: „Ihr werdet uns jedoch nicht weiter bedienen, sondern sollt an unserer Seite bewirtet werden."

„Eine großartige Idee!", stimmte Anayansi ihm zu.

Nachdem Julians Knie verarztet worden war und sich die Gefährten sowie die Königstochter umgezogen hatten, gesellten sie sich wieder zu den Feiernden im Hof des Palastes. Dort erfuhren sie, dass Akbals Komplize geschnappt worden war.

Auch Kinich war bei der Feier dabei. Er saß direkt neben seinem Bruder, dem König, und Leon hatte das Gefühl, dass die Ereignisse dieser denkwürdigen Nacht die Familie ein wenig zusammengeschweißt hatten.

Die Geschichte von Akbals finsteren Machenschaften machte in Windeseile die Runde. Immer wieder mussten die Gefährten berichten, wie sie dem Täter Akbal auf die Schliche gekommen waren.

Kija wurde respektvoll herumgereicht und ließ sich mit den feinsten Delikatessen verwöhnen.

Es war weit nach Mitternacht, als Leon leise zu Kim und Julian sagte: „Der Fall ist gelöst und wir haben so viel über die Maya erfahren und so viel erlebt ..."

Kim sah ihn mit gerunzelter Stirn an. „Du meinst, es ist Zeit für die Heimreise?"

Leon nickte.

„Schade." Julian seufzte. „Es ist hier so schön und spannend. Aber du hast recht, Leon."

„Gerade heute ist ein guter Zeitpunkt, denke ich", wisperte Leon, „später, wenn das Fest vorbei ist und alle anderen schlafen gegangen sind."

„Es ist wirklich schade, dass wir uns noch nicht einmal verabschieden können", sagte Kim bedrückt. „Vor allem Anayansi habe ich ins Herz geschlossen."

„Oh ja, ich auch", stimmte Julian verträumt zu.

Und so zogen im Morgengrauen drei Kinder und eine Katze – unbemerkt von allen – von Chichén Itzá durch den Dschungel zu einem ganz bestimmten Palo Tinto-Baum, der am Rand eines Wasserlochs stand.

„Das ist er", murmelte Leon. Seine Finger glitten über die faltige Rinde des fast acht Meter hohen Baums. „Seid ihr bereit?"

Stummes Nicken.

Nachdem Kim Kija auf den Arm genommen hatte, schritten sie in den Baum hinein – und nichts hielt sie auf. Keine Rinde, kein Holz.

Tempus holte sie heim nach Siebenthann.

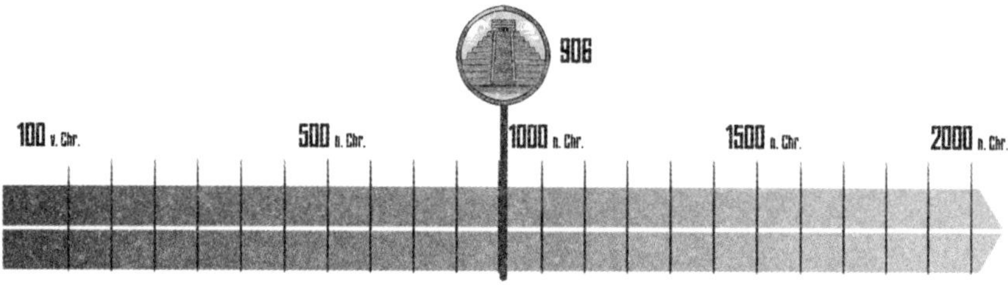

DIE MAYA: MEISTER DER ARCHITEKTUR

Die Hochkultur der Maya mit all ihren ungewöhnlichen Leistungen in den Bereichen Architektur, Mathematik, Astronomie, Wetterbeobachtung, Landwirtschaft und Kultur hat schon immer Forscher und Reisende fasziniert.

Das Gebiet der Maya erstreckte sich über die Länder Mexiko, Guatemala, El Salvador, Belize und Honduras und war etwa so groß wie das heutige Deutschland (357.000 Quadratkilometer).

Die Maya errichteten ganz ohne technische Hilfsmittel solch sensationelle Bauwerke wie die Pyramide des Kukulcán in Chichén Itzá, Observatorien und Paläste.

Berühmt ist auch der Maya-Kalender Haab. Die Maya wussten, dass das Jahr 365 Tage hat. Diese verteilten sie auf 18 Monate mit je 20 Tagen. Die restlichen fünf Tage galten als „Unglückstage“.

Legendär ist auch die komplexe Schrift der Maya mit ihren 800 Zeichen. Bekannt sind die Maya zudem für die Kultivierung von Mais und ihr Kunsthandwerk (Stein, Keramik, Holz – Gold oder Silber hatten für die Maya eher einen rituellen Wert).

Sagenumwoben ist das Spiel Ulama. Die genauen Regeln sind zwar nicht überliefert, aber es war wohl definitiv so, dass der schwere Ball nicht mit den Händen und Füßen gespielt werden durfte. Wer am häufigsten durch den Ring traf, war Sieger. Die Verlierermannschaft – oder ein Teil davon – wurde mitunter geopfert. Einige Forscher vermuten jedoch, dass die Sieger geopfert wurden, weil es als Ehre galt, für die Götter zu sterben.

Bereits um 2000 vor Christus datieren Funde aus der Maya-Zeit (vorklassische Zeit). Erste Tempel wurden vermutlich um 500 vor Christus errichtet. Die Blütezeit der Maya lag ungefähr zwischen 600 und 950 nach Christus (klassische Zeit). Damals entstanden auch Großstädte wie Chichén Itzá, in denen rund 50.000 Menschen lebten. Zum Vergleich: Die heutigen Millionenmetropolen London oder Paris waren zu jener Zeit kleine Dörfer. Um eine solche Bevölkerungszahl versorgen zu können, mussten die Maya intelligente Bewässerungssysteme inklusive Stauseen bauen, denn auf Yucatán gibt es weder Seen noch Flüsse – aber dafür existiert dort das größte unterirdische Wassersystem der Welt, zu dem auch die Cenotes gehören.

Die Spanne zwischen etwa 950 bis 1500 nach Christus wird als die nachklassische Zeit bezeichnet und umfasst auch den Niedergang der Kultur, für den es mehrere Gründe gibt: Zum einen lag es am rücksichtslosen Umgang mit der Natur. Um an Baumaterial und Ackerflächen zu kommen, fällten die Maya zu viele Bäume. Die Folgen waren die Austrocknung großer landwirtschaftlicher Flächen und daraus resultierende Hungersnöte. Zum anderen spielten wohl auch die untereinander geführten Kriege eine entscheidende Rolle. Ein dritter Grund für den Niedergang dürfte eine ungewöhnliche Dürreperiode um 900 nach Christus gewesen sein.

Ab etwa 1500 eroberten die Spanier ebenso rücksichts- wie erbarmungslos Mesoamerika (dazu gehören u. a. die heutigen Staaten Mexiko und Belize) und somit auch die letzten Städte der Maya: Sie ermordeten Abertausende, schleppten Krankheiten wie Pocken, Masern und Grippe ein, unterdrückten die Überlebenden und verbrannten die berühmten Bücher der Maya, weil sie diese für Ketzerschriften hielten. Auch deshalb ging sehr viel Wissen über die Maya verloren.

Glücklicherweise sind die Maya dennoch keinesfalls ausgestorben. Heute existieren noch rund sechs Millionen ihrer Nachfahren in Zentralamerika, die meisten davon in Guatemala. Überwiegend leben die Maya nach wie vor vom Maisanbau, aber inzwischen auch vom Tourismus. Ihre Religion ist eine Mischung aus alten Maya-Bräuchen (noch immer werden Hühner, Gewürze und Kerzen als Opfergaben verwendet) und dem Christentum.

GLOSSAR

CENOTE mit Süßwasser gefülltes Loch im Kalkstein, das zumeist durch den Einsturz einer Höhlendecke entstand und von den Maya als Brunnen, aber auch als Begräbnisstätte genutzt wurde.

CHAAC Gott des Regens, des Donners, der Fruchtbarkeit und der Landwirtschaft bei den Maya

CHAC MOOL Steinfigur vor einem Maya-Tempel, die dazu diente, Opfergaben anzunehmen. Diese wurden in eine Schale auf dem Bauch der Figur gelegt.

CHICHÉN ITZÁ Maya-Stadt auf der mexikanischen Halbinsel Yucatán. In ihrer Blütezeit zwischen dem 8. und 11. Jahrhundert n. Chr. hatte sie rund 50.000 Einwohner. Die heute so bedeutende Ruinenstätte wurde 1988 zum Weltkulturerbe erklärt.

CHIKCHAN „Regenschlange“ der Maya. Regen wurde gleichgesetzt mit Lebenskraft.

CHUKUM (Havardia albicans) kleine, stachelige Baumart, auf Chichén Itzá zu finden

COPAL Sammelbegriff für eine Mischung halbfossiler Baumharze (darunter Weihrauch)

DZIBILCHALTÚN (Ort der flachen Steine) einst wichtige Maya-Stadt auf der Halbinsel Yucatán. Heute ist der Ort eine bedeutende Ruinenstätte in der Nähe der Stadt Mérida (ca. 1 Million Einwohner).

FIERRILLO (Caesalpinia versicaria) kleiner, immergrüner Strauch oder Baum mit gelben Blütenrispen

HUIPIL auf Yucatán traditionelles, hemdähnlich geschnittenes Kleidungsstück für Frauen mit teils sehr aufwendigen Stickereien

ITZAMNÁ Sonnen- und Himmelsgott der Maya, Gründer der Maya-Kultur

KLAMMERAFFE (Ateles) in Mittel- und Südamerika beheimatete, zwischen 7 und 9 Kilo schwere Affenart mit einer Kopf-Rumpf-Länge von etwa 60 Zentimetern, langen Gliedmaßen und Greifschwanz

KUKULCÁN wichtigster Gott der Maya, Gott der Auferstehung und Reinkarnation sowie der vier Elemente

MAYA indigenes Volk bzw. eine Gruppe indigener Völker in Mittelamerika. Ihre Geschichte reicht bis ins Jahr 2000 v. Chr. zurück. Die Blütezeit der Maya-Hochkultur lag etwa zwischen 600 und 950 n. Chr.

MOKASSINOTTER (Agkistrodon bilineatus) leicht erregbare, aggressive und sehr giftige Schlangenart, wird bis zu 1,40 Meter lang

OBSERVATORIUM Sternwarte (abgeleitet vom lateinischen Verb *observare* = beobachten)

OBSIDIAN vulkanisches Gesteinsglas, das von den Maya zu Klingen und Messern verarbeitet wurde

PALO TINTO (auch Palo de Tinte, Haematoxylon campechanum) bis zu acht Meter hoher Baum, der in seinem Stamm eine natürliche Tinte produziert, die man zum Färben von Textilien und als Medizin (Mittel gegen Koliken) nutzt.

PULQUE (abgeleitet von octli poliuhqui) vergorener, alkoholhaltiger Agavensaft

QUETZALVOGEL (Pharomachrus mocinno) 35 bis 38 Zentimeter langer Vogel mit grün und rot gefärbtem Gefieder. Die Schwanzfedern der Männchen können eine Länge von bis zu 1 Meter erreichen. Die Maya verehrten diesen prächtigen Vogel. Wer einen Quetzal tötete, wurde hingerichtet.

SAJAL Beamter bei den Maya

TARANTEL (Aranea tarantula) große Spinne aus der Familie der Vogelspinnen, mäßig bis stark giftig

TUKANE (Ramphastidae) Vogelfamilie (umfasst 6 Gattungen und 45 Arten) mit einer Körperlänge von bis zu 65 Zentimetern und sehr auffälligen und prächtig gefärbten Schnäbeln

TZOMPANTLI steinerne Plattform, auf der ein Holzgerüst errichtet wurde, um darauf Schädel geopferter Menschen zu befestigen

ULAMA (auch Pok-ta-Pok) Ballspiel indigener Kulturen in Mittelamerika, u. a. der Maya und Azteken

YUCATÁN (Land der Maya) nordamerikanische Halbinsel, rund 197.600 Quadratkilometer groß. Der nördliche Teil gehört zu Mexiko, der Süden zu Guatemala und Belize.

Die Zeitdetektive

BIBLIOTHEKSAUSWEIS

Name: Kim

Hobbys: Rätsel knacken

Lieblingsfächer: Geschichte und Bio

Lieblingsfarbe: blau

Kim

BIBLIOTHEKSAUSWEIS

Name: Julian

Hobbys: Lesen

Lieblingsfächer: Geschichte und Erdkunde

Lieblingsfarbe: grün

Julian

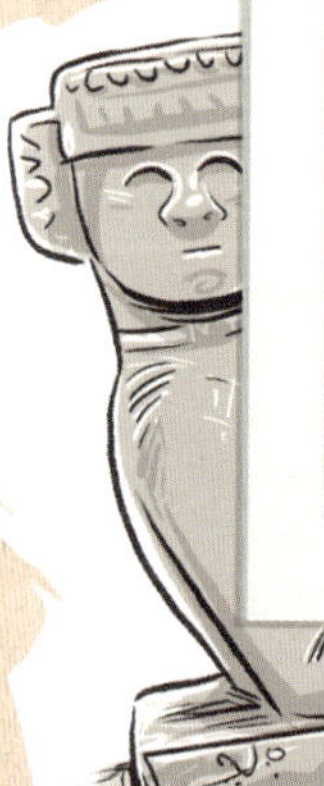

906 n. Chr.

100 v. Chr. | 0 v. Chr. | 100 n. Chr. | 200 n. Chr. | 500 n. Chr.